大展好書　好書大展
品嘗好書　冠群可期

大展好書　好書大展
品嘗好書　冠群可期

心靈雅集 71

簡明白話觀音經

林炯順 主編

大展出版社有限公司

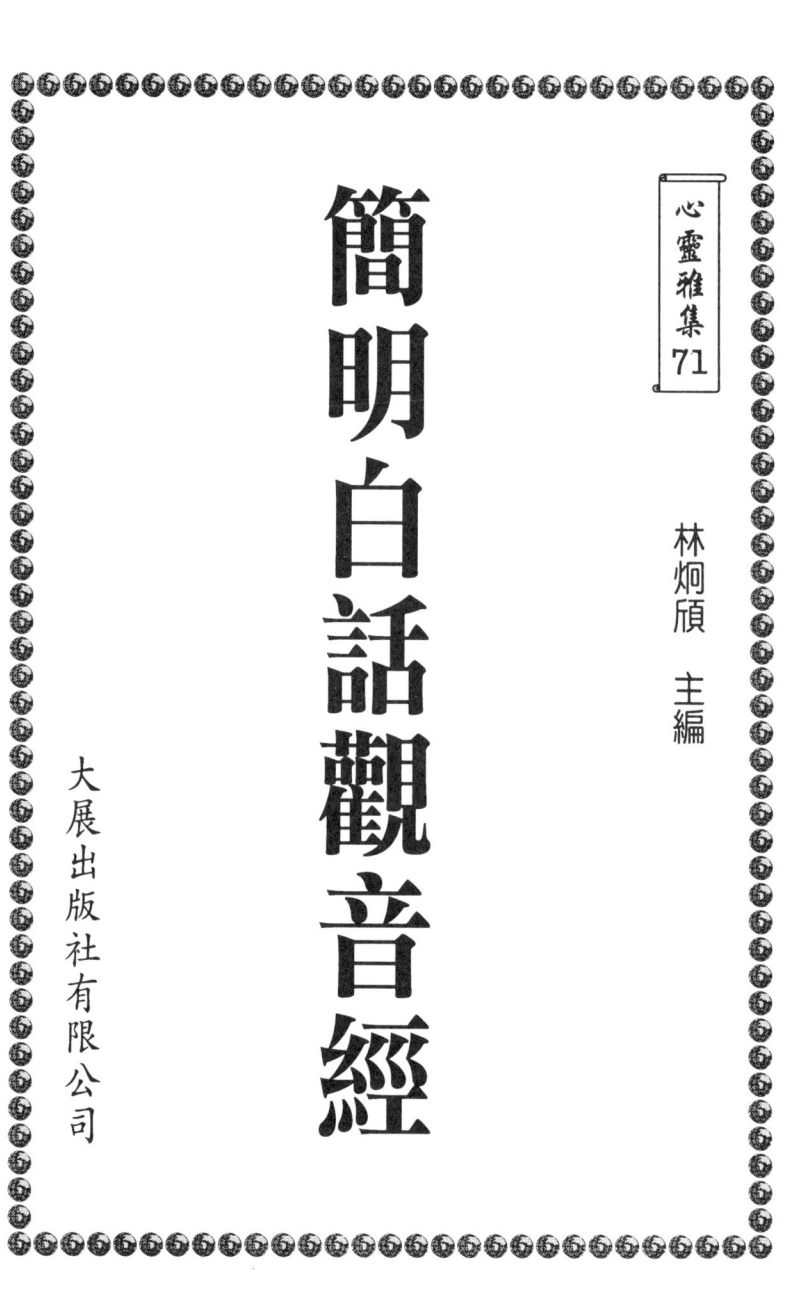

前　言

雖然觀音經的大綱很單純，人物也不多，可是天人們所居住的天上界卻是遼闊無比。

天人的種類頗多，且其住處甚難理解，謹就其概要繪出簡單的「靈界的地圖」（十八、十九頁圖）。當遇到複雜難懂的天人名稱時，請先查閱地圖，確知天人所居住的天界。

我們平常若無其事地活動的「有頂天」、「金輪際」、或是「地獄」等用語若能瞭解，對靈界有關事物便會多一層親近感，想必有助於瞭解靈界有關的各種內容。

有人說：「如果你虔誠信仰觀音佛祖，觀音佛祖會幫你改造命運。」

可是有些人完全不以為然：「我討厭拜偶像。拜那些木頭刻的佛像或是古銅鑄造的佛像，怎麼可能會帶來什麼好處？何況，人的命運怎麼能改變，命運天註定，早已定死啦！」

命運，就是「把命運搬」或「使命運轉」。

觀音佛祖是在我們人類呼吸的空氣中無處不在的。非但如此，甚至在我們內心深處，以至於無意識的世界裡都有祂的存在。

當我們面臨危險時，專心誦念觀音佛祖的「真言」，觀音佛祖會把我們的「命」「運」搬到安全的地方去。

「可是，我還是無法相信。」

如果有人仍然如此懷疑，請打開此書，讓它來與你結一個不可思議的緣。當你讀完最後一頁時，請你再一次把手押在胸前，讓觀音佛祖的聲音洗淨你的耳朵。

談到釋迦世尊在靈鷲山舉行極其盛大的講經說法大法會的故事，已是二千五百年以前的老故事。當時，釋迦世尊所講的《法華經》，此種美好的內容至今仍是廣為流傳著。

《法華經》全部是由八卷構成，分為二十八品（即平常所說的「章」）。前後加上「序文」與「後記」便是這部經書的完整內容。

很多人一直以為「觀音經」是單獨的一部經書。事實上，「觀音經」是《法華經》的第二十五品。

驚悉這樣內容之餘，在詳讀「觀音經」之前，先把《法華經》全部流覽一遍。它能幫助我們更容易對「觀音經」的理解。

《法華經》更詳細地說是《法華三部經》。「無量義經」是其序篇，而「佛說觀普賢菩薩行法經」則是其後篇。

序篇是敘述：

「我們所生活的這個宇宙本身就是一個極大的生命體。這個生命體與我們身體內的生命體是一樣的，它們都稱為『如來』。

如來佛隨時都生氣蓬勃地活動著，不是亂七八糟地變動，而是依照一定的法則在運行。

當我們體內有如來佛進來運行，我們便具備了如來佛的體質。

如果，我們能學習到如來佛運行法則，持續不斷地修行佛性，其功德是無可衡量的。」

後篇則是記述：

「要修行佛性必先從知所懺悔開始。在不知不覺中自我修為，把惡行惡德一一悔改。儘管是住在深受污染的婆娑（這個世界），若能自主嚴守戒律不斷精進，要成就普賢菩隆一般的佛性則必是為期不遠。」

本書以身旁事例把古典的佛經用現代新聞報導的方式，既不生澀，又不失原意，使佛教經典教義深入淺出且引人入勝。

內容分為三個部份。如同書名，「觀音經」是本書的主要內容，以第二部單獨敘述。然而，「觀音經」乃是《法華經》二十八品中的一品——第二十五品。它與前後各品都有連貫相承的演繹，著者特別以第一、三兩部來編列，簡明扼要記述承先啟後的佛道經義。

佛有方便之說，感謝給我方便的人，讓我能夠把這部為法華經方便說法的著述，用大家方便讀的內容寫出來，方便眾生早入佛門。則無限欣慰。

目錄

第二章　普門示現

十九種說法

第三章　五個觀念

十二災難

我為汝略說　聞名及見身　心念不空過　能滅諸有苦

靈界的地圖

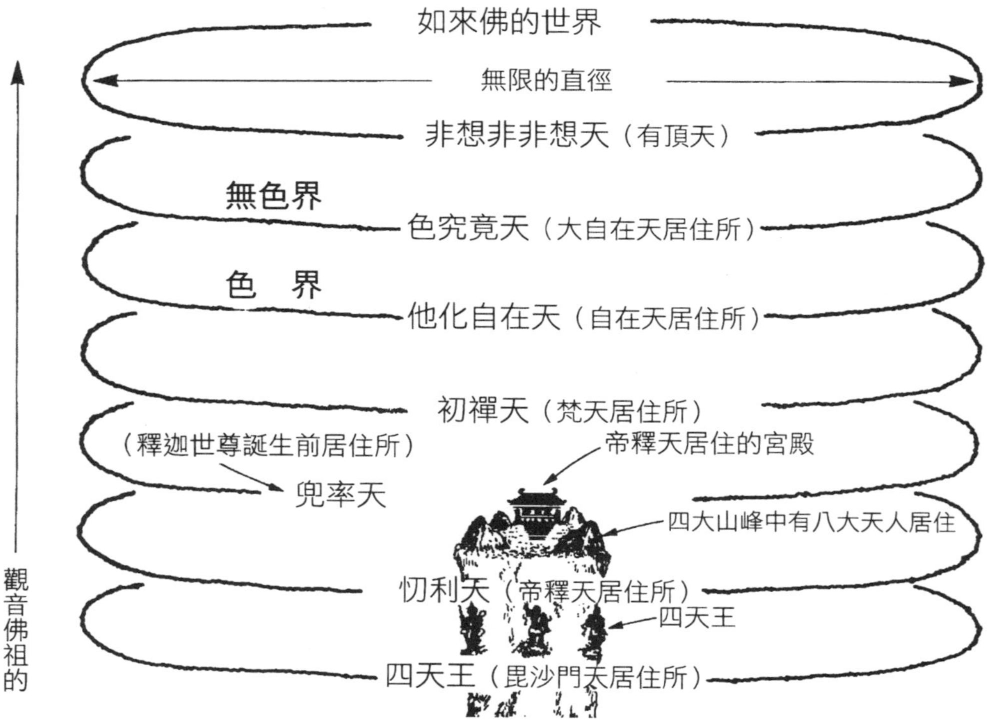
如來佛的世界
無限的直徑
非想非非想天（有頂天）
無色界
色究竟天（大自在天居住所）
色　界
他化自在天（自在天居住所）
初禪天（梵天居住所）
（釋迦世尊誕生前居住所）
兜率天
帝釋天居住的宮殿
四大山峰中有八大天人居住
忉利天（帝釋天居住所）
四天王
四天王（毘沙門天居住所）
觀音佛祖的

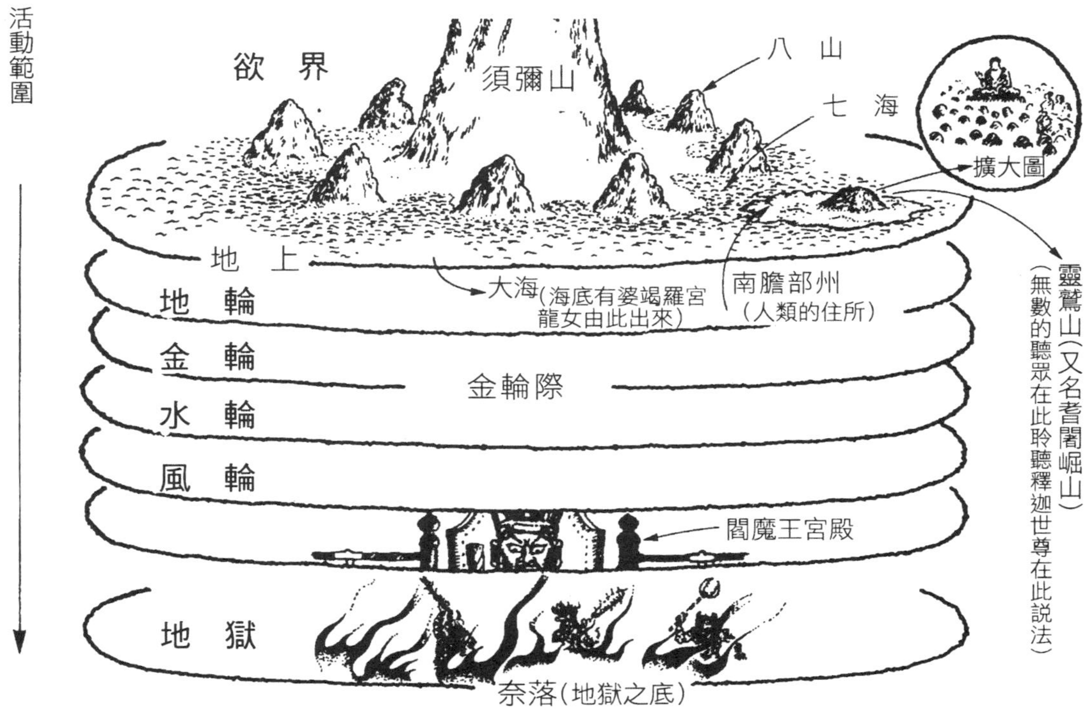
活動範圍
欲　界
須彌山
八　山
七　海
擴大圖
地　上
地　輪
大海(海底有婆竭羅宮
龍女由此出來)
南膽部州
(人類的住所)
靈鷲山(又名耆闍崛山)
(無數的聽眾在此聆聽釋迦世尊在此說法)
金　輪
金輪際
水　輪
風　輪
閻魔王宮殿
地　獄
奈落(地獄之底)

聰明反被聰明誤

【第一部】

【法華經】

（序文～第二十四）

《法華經》計有二十八品，開端與卷尾附有「序文」與「後記」兩篇經文。

『觀音經』為《法華經》中的一部分。在本書第二部另有詳細解說。

要領悟『觀音經』，必須瞭解《法華經》。因此，在進入修讀『觀音經』之前，請先概要地到《法華經》的世界流覽走一回。

序文……《無量義經》「德行品」「說法品」「十功德品」

在象群、獅群、萬獸齊鳴宣達開始說法，滿坑滿谷的聽眾信者立即掌聲雷動迎接，釋迦世尊隨即出現在高座上。

左肩披著黃色袈裟、右肩露出肌膚，世尊英姿宛如在紫光中煥發出金色耀眼的光芒。世尊的眉間，有著象徵尊者的白毫相光（在兩眉之間的正中央有一道白色毫光）。聽眾信者瞻仰尊者眼如青蓮、心藏慈悲、顏如明月的英姿，很自然地都合掌頂禮。

座次於世尊高座的是：釋迦世尊最初的弟子阿若憍陳如、摩訶迦葉、舍利弗等十大弟子，以及出家或修行者們。

釋迦世尊的生母，即日後為尼的波闍波提，以及釋迦世尊尚居王子期間的王子妃，即日後為尼的耶輪陀羅，也靜靜地坐於其中。

高座的左側是文殊菩薩、觀世音菩薩、彌勒菩薩等諸菩薩隨坐在旁。

再從其周圍看去，波羅門教諸神、梵天、帝釋天等天上界諸神，都各率其滿門家眷僕從，人山人海群集過來，人人合掌頂禮。

釋迦世尊自高座緩緩站起來，啟開如頻婆樹果實般的紅美唇，開始從「無量義」講經說法。雖然，座席距離世尊的高座非常遙遠，所看到的世尊僅如豆粒般的大小；可是，不可思議的是：卻能很清晰地看出世尊的英姿。

更不可思議的是：釋迦世尊想必是用古代印度「梵文（Sanskrit）」講經說法；可是，大家耳朵所聽到的卻是很清楚的我們的國語。而且，就像在耳邊說話般的清晰。

平常，我們所聽到的師父的佛經，完全無法理解它的意義。然而，當我們死後到另一個世界去的時候，在棺內所聽到的佛經，竟然是如此的心領神會。

此時，大莊嚴菩薩從廣大聽眾信者當中站立起來，稱讚釋迦世尊的無量無邊功德。隨之，請教世尊：

「如何方能得到世尊一般的最高了悟？」

釋迦世尊答曰：

「謝謝你的誇讚。」接著，微微笑容中保持了短暫的肅靜。然後，開始講經說法。

「從此開始講說『無量義』。在宇宙中，我們日光所及萬物，都是平等地存在著，它們都依所謂物的道理法則，完全保持調和狀態下進行著。這叫做如來運行。如能理解此一深奧道理，便能開悟，因此，便能修得十項功德（十善）。」

大莊嚴菩薩緊接著請問：

「那是些什麼樣的功德呢？」

釋迦世尊舉例答道：

「譬如：使殺人如麻、冷酷無情、慘無人道的人，得能恢復人性而對人心懷深情；使心胸狹窄、嫉妒心重的人，得能敞開心胸而對他人之幸福由衷喜悅；使貪心自私的人，得能樂於施捨；使自以為是、死不認錯的人，得能恢復謙遜；使喜怒無常、性烈如火的人，得能沉著冷靜；使懶惰成性的人，得能勤奮；使滿腹牢騷、怨天尤人的人，得能知足……

如此種種，皆屬十項功德之一。此外，尚有諸多功德善行，如能學此教義，身體力行，自然有修得不可思議的功德之力。」

世尊一邊答話一邊進入深思冥想（禪定）之中。於是，餘音不絕於耳，全世界都被感動得抖擻發震起來，從天空飄下青黃白紅各色蓮花花瓣，伽羅與沉香般的清香散發四溢而降，是獻給釋迦世尊。

第一品……『妙法蓮華經序品第一』

遍佈靈鷲山的聽眾信者，受到前面所述：釋迦世尊講解的「無量義」的教義所感動，自然而然地合掌頂禮，瞻仰釋迦世尊英姿。

當時，進入深思冥想（禪定）中的釋迦世尊，兩眉之間的白毫發出使人眼花繚亂的純白光芒，下至十八層地獄，上達九重天，光芒普照。

此道光芒從現今世界射至未來世界，在場聽眾信者就像看煙火一般，未來的未來事都在眼前一一展現出來了。

彌勒菩薩看到眼前這般不可思議的情景，轉頭詢問鄰座的文殊菩薩：

「如此夢幻般的光景，到底是怎麼發生的呢？」

文殊菩薩看一看彌勒菩薩，說：

「彌勒，我在很久很久以前，也曾看過這般光景。然而這是很久很久以前的事……。

有位我們稱為『日月燈明如來』的佛祖降臨，在其次的世代也稱為日月燈明如來。再其次的世代也……。第二萬世代的最後的日月燈明如來，在他未出家之前是一國之王。國王有八個王子。國王出家修行時，八個王子也追隨國王出家修行。最後一位出家的王子名叫『燃燈』，積極修行終得正果成佛。這位佛尊有八百弟子，其中有一位名為『妙光菩薩』。

最後的日月燈明如來，曾經也舉辦如同今日之大型講經法會。佛尊向著妙光菩薩講說如來之教義。講完之時，佛尊兩眉之間的白毫放出強烈白光。受到光芒普照的幾萬聽眾信者，感動地抖擻發震合掌頂禮。其時，佛尊說道：『我將今夜進入涅槃。』

向大家預言。接著，向身旁的德藏菩薩說：

『你必在我死之後成為如來。』

——此即所述『授記』——做此預言。

再者，妙光菩薩也有八百個弟子。其中有一弟子貪名利且怠惰成性，常與有名有利的人交往，其人如其名為『求名』。

不過，其後〈這是其偉大之處〉因一念起意衷心修行，終遂其願而成菩薩。在該次大型講經法會中，看到日月燈明如來的光芒的妙光菩薩說：事實上，他就是我的前世現身。所以，求名就叫做彌勒吧！他就是你的前世現身喲！」

第二品……『妙法蓮華經方便品第二』

釋迦世尊有好幾種稱號。世尊、如來、釋尊、釋迦牟尼佛、醫王、佛等，十種以上的尊稱。本書以後所有內容擬以「世尊」尊稱。

當文殊菩薩對彌勒菩薩說完很久很久以前看過不可思議的白色光芒的故事的

時候，世尊從深思冥想的世界回復，肅靜地站起來。接著，世尊向坐在身旁的一個聽眾信者——亦即最具智慧的一個弟子，名為舍利弗——說：

「我在深思冥想中看清了宇宙的道理，它只有一個。在世上所有的物，有其『相（姿態或形態）』、有其『性（性質或癖性）』、有其『體（本體）』、有其『力（能量或能力）』，因而產生了『作（作用）』，這都是有其『因（原因）』、有其『緣（條件）』，而能產生其『果（結）』，而致於得到其『報（影響）』』。

此種變化，基於唯一的宇宙定律所引起。雖然，我們可以看到千變萬化，但依眾所週知的『能量不滅定律』一般，物的實相乃是由『本（最初）』直到『末（最後）』為止，『究竟等（從頭到尾貫徹到底都是相等的）』。此一定律名之『十如是』。此項宇宙的道理，實非易於說明。因此，藉著各種方便（正確又便利的方法）來講解說明。」

洗耳恭聽的舍利弗請教說：

「世尊，何以很多佛尊在世上出現時，都因對方的時機與場合而提出各種譬喻的故事，這都是為了說明佛理的緣故吧？」

世尊含笑首肯，然後繼續說道：

「舍利弗呀！舍利弗，很多佛尊都是為了唯一的一個重要目的顯現於世。人類生而平等，雖然人人都有『成佛的本質』，但是，並非人人立地成佛的。

因此，不論如何，每個人都須打開持有佛性的智慧之眼，讓具有佛性的智慧展現出來，領悟出具有佛性智慧的體驗，得能引導進入具有佛性智慧的世界，如此種種都是諸佛的重大目的。

諸佛認為『所有每一個人都是平等的』。為了引導大家進入與自己相同的佛的世界，說出各種譬喻的言語和故事，用以說明真正的道理。」

第三品……『妙法蓮華經譬諭品第三』

聽到這種解說之後的舍利弗，滿懷喜悅地瞻仰世尊，站立起來並合掌頂禮對世尊請求：

「由衷銘感深謝。世尊普渡眾生的寬大胸懷實深銘感不已。接下來，為了讓在本會場中我的弟子們，以及一千兩百名修行者也能容易瞭解，請世尊說一些譬喻的話題。」

世尊說道：

「舍利弗，仔細聽著：在鎮上有個大富翁，他擁有連自己都數不清的財富，他的三個孩子都很可愛。

某日，富翁外出歸來，發現自家住宅起火燃燒，不由得驚慌失措。火舌已經吞噬房屋四方席捲過來。來人呀！來人呀！大聲呼叫。

（家裡，孩子們正在嬉戲。）

雖然富翁仰天大聲疾呼：

『快快出來！快快出來！』

不知水火無情的孩子們，仍舊嬉戲，而一副滿不在乎的樣子。富翁突然靈機一動，大聲叫喊：

『快出來喲，在房子外面有很多你們喜歡的：羊拖著的車，鹿拖著的車，還有大白牛拖著的車，等著你們呢！』

聽到這個好玩意的孩子們，喜上眉梢地從燃燒中的家裡飛奔出來。救了三個孩子的大富翁，對三個孩子很平等地把巨大的白牛拖引的座車分給他們。」

舍利弗對講到一個段落的世尊請問：

「這些故事有什麼涵義呢？」

世尊繼續講解：

「舍利弗，大富翁所作所為皆乃合乎佛道之事。整個宇宙都在我佛如來的掌中。生活在宇宙中的萬物都是我佛子女。

雖說孩子們只要努力追求佛道必能成佛，可是孩子們卻不用心追求佛道而只是在逼迫自己走向死路，只知貪圖眼前五官（目耳鼻舌身）的享樂。

為此之故，如果不能及早逃離燒身之苦，就無法進入佛的世界。逃離燒身之苦的步驟有三：

一、〈**聲聞乘**〉：聆聽佛道講經說法而能領悟。如同來坐羊所拖引之車。

二、〈**緣覺乘**〉：自行修持佛道而達領悟。如同乘坐鹿所拖引之車。

三、〈菩薩乘〉：自我領悟之同時，也使別人領悟。如同乘坐大白牛所拖引之車。

這就是所謂『火宅三車之譬喻』。舍利弗，法華經是對有智慧的人講經說法的。以上的說法是針對使用人人易於理解的佛語的修行者所做的說明。

『縱使是生活在泥沼俗世之中，只要心不為世事變遷而迷失，能始終如一遵行宇宙的道理，磨練自己的人格，教人以追求世界和平的理想境界。』

『從泥沼中出生的，教以如何能與蓮花般出汙泥而不染的美麗境界。』

『對任何人，教以像蓮藕般擁有美麗的樣子。』

這些道理便是『妙法蓮華經』」。

第四品……『妙華蓮華經信解品第四』

聆聽上述道理的摩訶迦葉為首的四位弟子領悟到：向來無法瞭解真實道理的「火宅三車的譬喻」之方便說法，終能充分理解。不由得心存感激。於是，面向世尊請問道：

「世尊，我們明白了！現在是不是由我們來講一些譬喻給世尊聽聽看，我們到底明白到什麼程度。

在某個國家有個大富翁，他只生下一個兒子，不知為什麼，這個兒子生下不久便不知去向，到處找尋，遍尋未果，在悲傷中度過五十年的歲月。

這個男孩在到處流浪的歲月中逐漸長大。雖然是個流浪漢，由於有鴿子般的歸巢本能，或許是人類具有對故鄉眷戀的本能，他漂蕩到大富翁居住的城市，走到富翁宅第之前徘徊久久不離去。

身為父親的大富翁，眼力十分敏銳地發現了他。魂牽夢繫的兒子，怎麼變得這麼落魄模樣呢？

雖然給他好東西吃穿，依舊一副卑微沒出息的模樣。不得已，只好讓他擔任打掃廁所的長工。如此經過了二十年，才漸漸脫離戰戰兢兢的心態，回復成為社會上一個堂堂正正的一表人才。

大富翁自知年事已高，自己的來日不多。乃宣告這個孩子認祖歸宗，並且把自己的全部財產移轉給他。

世尊，這個大富翁就是世尊您！我們都是世尊的孩子，只是長期以來一直自卑、自賤、偏激，以致無法看到佛的世界。如今，終於看清這麼豐富的財產。我們也明白世尊要把財產移轉給我們的用心良苦，使我們走進了更深奧的領悟佛理的世界。我們實在感激無盡！」

第五品……『妙法蓮華經藥草諭品第五』

當時，世尊對摩訶迦葉為首的眾弟子說道：

「很好，迦葉。你說得對！你已充分理解如來真義，你的說明具有真實的功德。然而，如來的教義其大無法衡量，祂是要引導所有每一個人領悟佛道。

如來就像一朵很大的雲。這塊雲所下的雨是那麼平均地滋潤世上萬物——樹木、野草、森林，或是藥草。

可是，接受到相同雨的滋潤的樹木、森林、竹子、草叢，或藥草，由於它的大小或種類的不同，各有自己不同的接受方法。

同樣一塊雲所降下來的雨是一樣的，不過各自成長的快慢卻有不同，所開出的花的色彩、形狀或香味亦各不同，所結的果實也是各有不同的形狀或顏色。

我所講解的如來真義的宇宙真理，由於聽者的理解力大小不同，乃至接受方式之不同，各自領悟的程度亦有所差異。我不論是對富豪或是對窮人，不論是對頭腦好的人或是腦力較差的人，不論是對有權勢的人或是一般大眾，都以相同的態度講經說法。可是，他們每一個人的境遇卻是各不相同的。

有的人也許和天上界的帝釋天或梵天比較接近，這樣的人可以比喻是小小的野草。

有的人，常常深思冥想（禪定），因而得到心靈上的平安，領悟了緣覺。這種人可以比喻是普通的藥草。

有的人，一心向佛，修持禪定一貫如恆，這種人可以比喻是上等的藥草。

有的人，追求佛道瞬間不斷，待人以慈悲之心，這種人可以比喻是一棵小樹。

有的人，有神通力，常常對人講解經義，挽救迷失的人，引導世人進入領悟的菩薩行，這種人可以比喻是一棵大樹。

迦葉，你們諸君！各位所走的是聲聞之道，也是緣覺之道，當然也就是菩薩道。」

第六品……『妙法蓮華經授記品第六』

不久，世尊面向諸聽眾信者發表預言。

「在座的我的弟子摩訶迦葉，他從諸佛學得教義，又為廣大世間傳播教義，應可在適當時機進入佛的國度，成為『光明如來』佛號的佛。」

聽到這樣預言的摩訶迦葉，便與同期的弟子大目犍連、須菩提、摩訶迦旃延等三人齊聲對世尊提出自私的請求：

「世尊，我們到目前為止，總覺得：若是自修，尚能了悟。但是，如果要去引渡其他所有的人也能了悟，很耽心自己沒有世尊般的崇高智慧，恐怕不易做好。為此，當必勤加修行，如果能給我們保證『我們也一定能成佛』的話，必定可以激勵我們更安心一意去修行……」

世尊看穿了大家的心意，於是再進一步預言說：

「好吧！須菩提不久到佛的國度時，就稱為『名相如來』的佛號。摩訶迦旃延稱為『閻浮那提金光如來』。而大目犍連呢？就稱為『多摩羅跋栴檀香如來』吧！」

三人感動得全身發抖，隨即合掌頂禮。世尊接著繼續說：

「這三個弟子以外，我還有五百名弟子，他們也將在不久會成佛。今天在場的諸君，想必大多是初次來聽我講經說法。其實，大家從前世就已經是我的弟子。以下，我來說明這段因緣。」

第七品……『妙法蓮華經化城諭品第七』

「很久以前，比各位能想像的更久更久以前，有一位名為『大通智勝如來』的佛尊。在祂出家之前是一個國家的太子，這個太子有十六個王子，長男的名字叫做『智積』。

太子的父王名為轉輪聖王。

大通智勝佛長期修行後，當他開悟成佛之際，整個宇宙都被耀眼的亮光所包圍。那道光芒很明亮地射到遙遠的天上界梵天王的宮殿之中。梵天王諸神驚動得召集臨時會議。〈這道光芒顯然就是在地上出了偉大的佛。對啦！大家趕快去參拜！〉於是，大家急急忙忙地趕了出去。

再者，知道大通智勝佛成佛的消息的轉輪聖王，立即帶孫兒們——十六個王子——到佛的所在地。讓孫兒們出家做為大通智勝如來的弟子。

在梵天王諸神與十六個出家弟子的強烈請求之下，大通智勝如來開始闡述自己開悟的內容：

第一教義名為『四諦』，亦即：

〈苦諦〉——人生在世有四苦八苦。

〈集諦〉——由於人有強烈的慾望所致。

〈滅諦〉——四苦八苦導致滅亡。

〈道諦〉——行八大正道。

重要的教義乃是：人生而和平與快樂。

另一重要的教義是：人生在世皆有其因緣。此即『十二因緣』之教義。

讓我們看看這個宇宙，如果大海是由一滴一滴的海水匯集而成一般，無數的生命（靈）匯集而成靈海。人類的出生也是偶然的一滴生命（靈）投宿到體內，只不過人類把它認定是『這個身體是屬於自己』罷了。

這種錯覺我們稱它『無明』。於是自以為是的為所欲為。這就稱為『行』。這樣的人結了婚、懷了孕，把不同想法的種子植入腹中成為孩子，此即為『識』。

孩子的身心在腹中逐漸成長，這稱為『名色』。不久，胎兒有了所謂眼耳鼻舌身意的六感，此稱之為『六入』。

等到誕生下來，與外界空氣接觸，我為名之『觸』。其次，又對於各種事物諸多見聞，接受到身心上去，此稱為『受』。對於玩具等物品的喜愛的記憶，稱之『愛』。

對於想要的會去取它，稱為『取』。因而，每個人有了各種不同的想法與習慣，我們稱它為『有』。

如此過程造成人與人的關係逐漸複雜，人生有了四苦八苦，名為『生』。人有了年紀就離不開死，稱之為『老死』。

以上十二因緣形同鎖鍊般連結在一起。可是，最開始的無明乃是一種錯覺而已。不過是在自己一直認定是自己的所有物的個人身心，在因緣際會的巧合中從靈海飄來一滴靈水，一念能悟，必能了悟：行、識、名色、六入、觸、受、愛、取、有、生、老死，這一切都是錯覺罷了。

聽到以上兩大根本教義的十六名弟子，紛紛閉目沉思，於是，加緊勤於修行。於是，經歷很長很長的歲月之後，各自分散到四面八方不同的國家。這十六個持續獻身傳教的兄弟，終將都能成佛。

其中，特別要提出來說明的是：往西而去，後來成佛的是『阿彌陀如來』、向此行去到達婆娑國土（亦即人類社會），後來成佛的第十六個么王子，名為『釋迦牟尼如來』，也就是我。

要成為如來，其最高了悟境界是：必須舉行解救全人類的教義。

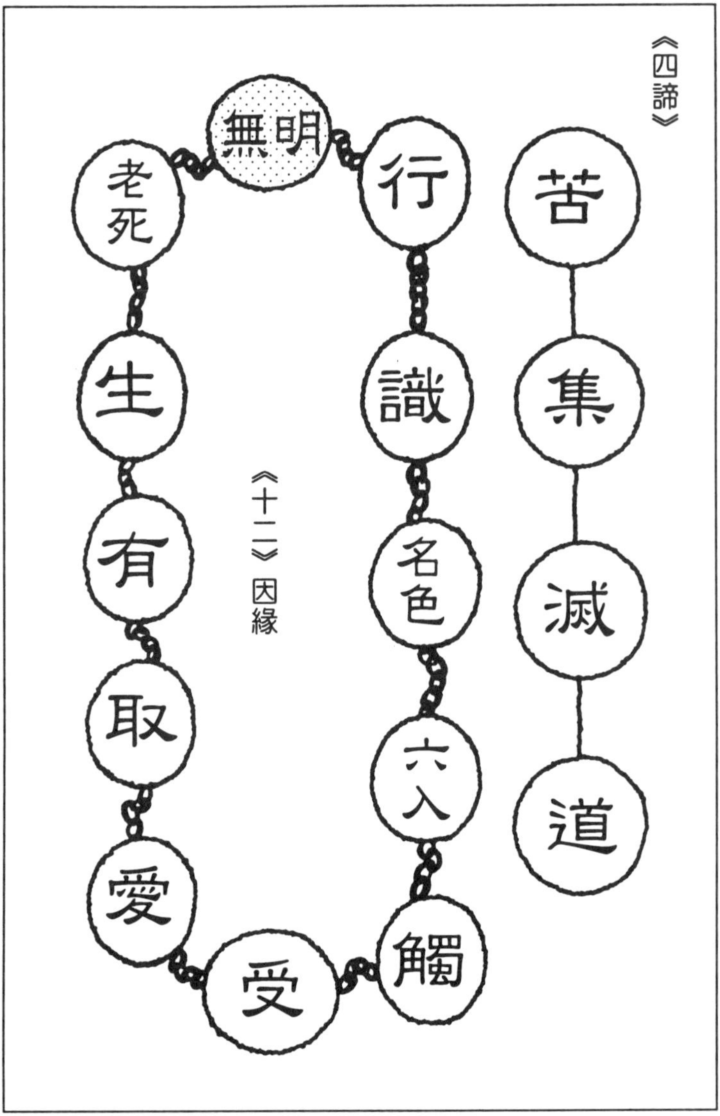
《四諦》
苦
集
滅
道
《十二》因緣
無明
行
識
名色
六入
觸
受
愛
取
有
生
老死

這個世界是由人與人之間的關係維繫成立的，想要靠獨自一人藉其聲聞或緣覺來修行是無法成佛的。

如來說法是依每一個人不同的性質採取不同的方便。舉個故事來說吧！

有一個為尋找世上珍寶的探險家走進了危險的山路。由熟知山路的嚮導不斷激勵之下，持續前進。

途中走到一段又長又險狀環生的山路，全隊的人都已疲憊不堪，心生膽怯，都說：『沒有能力再走下去了，我們轉回頭撤退吧！』

嚮導告訴大家：「只要大家再忍耐一點，馬上就可以拿到很好很好的稀世珍寶了。」嚮導接著發揮自己擁有的神通力，在大家的眼前出現一座莊嚴華麗的城堡，在城裡的宴會廳上，備有諸多山珍海味。

全隊的探險家都舉步伸手且飲且食，養足了精力。嚮導看到大家都已充分休息而恢復元氣。於是，他說：

『就差這麼一口氣！剛才，各位所休息的城堡，其實是我為了讓各位休息而變出來的夢幻之城。接下來，大家再支持一段，眼前就有真正的稀世珍寶了。走吧！』

我就是這個嚮導，佛道是一條非常漫長的道路。針對呼吸困難，疲憊不堪，滿懷挫折感的人，我用聲聞或緣覺來說明，使大家稍作休息。接下來，再重新提出真實的教義，帶領各位到開悟的境界去。」

第八品……『妙法蓮華經五百弟子受記品第八』

弟子們恭聆世尊用「化城寶處」引領大家解說菩薩開悟之道，個個都目不轉睛地，以深受感動的眼光仰望世尊。

在十大弟子當中，以「富樓那」最會說教。世尊讓富樓那站起來，做了如下的預言：

「諸位！富樓那的前世也是服侍七大佛並為最會說教獻身。因此，在他的未來世，應當可以成佛為『法明如來』。」

富樓那高興得全身發抖，世尊繼續預言道：

「菩薩，應該是喜愛大眾容易理解的教義，對深奧的教義則能敬而遠之。因此，本身要成為聲聞的修行者，或是成為初級入門的修行者，讓人人覺得易於接近相處。

身為菩薩，「要親身力行菩薩行」的自覺要緊記在心。像被煩惱之火焚身的凡人一般，或是，必要的時候，連化身為惡人姿態出現也在所不惜。

如此種種，都是為了普渡眾生的方便而已。如果能夠理解這種道理，在場的一千二百位阿羅漢（由聲聞或緣覺而自我開悟的人），以及五百個我的弟子，在未來世都將可以成佛。跟我最早的弟子阿若憍陳如，當然也能一齊成佛。」

阿若憍陳如十分感激之餘，對自己過去所有錯誤的領悟深加反省，接著向世尊請教：

「世尊，我們所得到的開悟的境界，並非真正的涅槃。比如說：是不是這麼一回事？

有一位淪為赤貧的男子，他是某位大富翁的親友。有一天，窮男子到富翁親戚家去拜訪。富翁以美酒佳餚盛情接待，窮男子盡歡醉倒入寢。富翁情深，由於出家在即，趁其熟睡，將價值數億的寶石縫入窮男子的衣服裡，隨即外出旅遊。窮男子一覺醒來，毫無所悉地繼續其流浪生涯。愈發衣衫襤褸不堪。數年後，窮男子再度與富翁親戚相遇。富翁對他依舊潦倒甚感驚訝！取出他衣內的寶石說：『你為什麼不把這塊寶石拿去賣掉，去過比較好的日子呢？』不知自己身上有此價值連城的寶石的窮男子，這才喜出望外地，終於能夠去享受安樂的生活了。

世尊，您可以說就是這位富翁親戚，而我們就是這個窮男子。我們身上擁有寶石『佛的無上智慧』而不自知。從這一則『衣裏繫珠之譬喻』，現在，我們能夠看到真正的涅槃了。」

第九品……『妙法蓮華經授學無學人記品第九』

阿難與羅睺羅兩位弟子聽到這段話，心中不免想到：「如果我們也能得到世尊給我們預言，那該有多好！」

於是，二人毅然決然地站起來，走向世尊面前合掌說道：

「世尊，阿難始終在你身旁服侍，你的教義我都能背記下來；而羅睺羅，他是世尊的孩子，世尊能不能也給我們能成佛的保證呢？」

這時候，授學人（正在研修聲聞的弟子）與無學人（已學畢聲聞的弟子）共二千個弟子一齊站起來，露出右肩，對世尊提出請求說：「我們也……」於是，世尊說：

「阿難，你的記憶力最強。羅睺羅，你默默地積了不少陰德。你們在未來世都應該能成佛。此外，授學人與無學人們，你們也必將在未來世能成佛。」

到此，對全體弟子的預言全部完畢。弟子們都雀躍不已，歡聲不斷。

第十品……『妙法蓮華經法師品第十』

當時，世尊面對藥王菩薩與並非同座的無數諸菩薩說道：

「藥王，在眾多聽眾信者當中，聽到我所說的《妙法華經》，就算只是一句或只是一瞬間，如果有人心存『感激』，我便會保證那個人未來世能成佛。何以如此呢？因為那個人是真正對佛理開悟了。

假如，有人對法華經每一言每一句都信之不疑，學習它、誦它、對人樂於解說，在世間廣為宣達教義，他就是前世修了菩薩行，所以未來世必能成佛。

藥王，如果有一惡人，積千萬年之間，一直謾罵佛的道理是一文不值，其罪並不重；相反地，日常念誦這本《法華經》的和尚或在家修的信者，出口惡言，其罪才重。

這裡是我們讀法華經、寫法華經，以及傳道的場所。我們在此建造了美麗的七寶所裝飾的寶塔，我們不需在此供奉佛舍利（釋迦佛的遺骨）。在此塔中已有如來在。因此，用鮮花與銘香供奉即可。

要靠聆聽法華經與念誦法華經來尋求開悟的人，就如同在沒有水的高原上掘井取水一樣。在乾燥的地上開孔求水是很遙遠的事，唯有一直挖下去，直到出現濕濕的地層，然後才會有水出來。也就是開悟的時候吧！

如果有一天當我涅槃之後，想對眾生講解法華經，以下三件事很重要：一、入如來室，二、著如來衣，三、登如來座。

入如來室乃是對眾生懷慈悲之心，著如來衣以能平心靜氣且有耐心，登如來座以確知全人類的生命與宇宙的生命是一樣的根本道理。

堅持以上三要件來講經說法才對。從這樣的講經說法者聆聽其說法，深入地學習，不久必能開悟，而能與眾多佛尊見面。」

第十一品……『妙法蓮華經見寶塔品第十一』

就在世尊的話剛講完之同時，從世尊前面的地上，湧出一座令人目瞪口呆的巨塔直矗入雲霄。以七寶裝飾，且鑲有金銀寶石相輝映著。

從寶塔裏面傳來巨大的聲音。

「大家注意！世尊講解的妙法蓮華之教義，是至誠純真的道理。」

突然，在眼前所出現的不可思議的事，令諸多聽眾信者，無不目瞪口呆。坐在第一排的「大樂說菩薩」請教世尊說：

「世尊，為什麼會出現這種奇景呢？」

世尊答道：

「是『多寶如來』在此塔中，平常都在解說法華經。有時候，會展現代表人類的佛性標幟之寶塔，它是用來讚美法華經的。」

於是，大樂說菩薩對世尊請求說：

「多寶如來已在很久很久以前便已入滅了。我們可以對祂的形態朝拜嗎？」

世尊讓一道強烈光線從本身身上的白毫直射出來，把自己分身散布到各地去說法的各個化身，在一瞬之間集合起來。

世尊為了讓大家確實就坐，他靜靜地站起來，並且保持肅立的姿態緩緩向空中昇起。世尊移到寶塔之前，用右手指撥開寶塔的門。在遙遠的下方向上仰望的聽眾信者的眼前，在七寶建造的寶塔內，只見多寶如來很清晰地端坐其中。多寶如來開口說：

「釋迦牟尼佛，能聽你講解法華經十分榮幸，我特地趕來此地拜聽。你要不要跟我一起坐在這兒？」

接著，祂把自己的座位騰出一半，世尊進入寶塔內，與如來並排坐下，並且藉著神通力使全體聽眾信者浮到與寶塔的高度一般高。然後，對大家宣告：

「我的來日已不多了，不久即將涅槃去世。當我死後，有誰能來講解妙法華經呀！誰能發願保存這部經且廣為演說，我當以佛之子傳給他。」

第十二品……『妙法蓮華經提婆達多品第十二』

接著，世尊面向廣大的聽眾信者，對大家再預言說：「我自很久很久以前的前世以來，一直不停地探索宇宙的道理。當時我乃一國之君，為了能得到開悟，始終把『六婆羅蜜行』（布施、持戒、忍辱、精進、禪定、智慧等六項修行）的第一項——布施——謹記在心。

我把城堡和寶石給所有的人，一心探討懂得『拯救世上所有人類的教義』的師父。不久，有位名叫『阿私』的仙人出現。仙人說：

『我對妙法蓮華經的最高教義知之最深。你來做我的跟班，我便教你這個教義。』於是，我有一段很長的時間服侍阿私。這個仙人，現在是我的不肖弟子『提婆達多』（始終對世尊反感，一直想殺死世尊）。

然而，我乃因有他而能得到開悟。當他從現世逝去後，必定能在來世成佛。」

話到此結束，供奉多寶如來的「智積菩薩」由地裡升起，對如來說：

「打道回歸本土吧！」

世尊打斷他的話，世尊說：

「現場有一個我的弟子，名叫『文殊師利菩薩』，就讓他來談談宇宙的道理吧！」

文殊菩薩乘坐蓮花，從海底的「娑竭羅宮」飛出來，朝向世尊與多寶如來頂禮拜見。

智積菩薩對文殊菩薩請教：

「你在海底講解妙法蓮華經，一定教化了很多眾生，其中是那一位最先開悟呢？」

文殊菩薩即席回答：

「住在海底的『娑竭羅龍王』之女『龍女』最先開悟。這個女孩子現在才八歲，卻充滿了智慧與慈悲。簡直就像一個氣質很高的佛。」

文殊菩薩剛說到這兒，忽然，從海上出現了龍女。看到這般光景的舍利弗，趕緊向她問道：

「喂！你大概自信不久就要成佛的樣子，我卻不以為然！身為女人，身心都受了污染，怎麼會懂得世尊的教義。一般說來，女人都有『五障』。其一、無法成為梵天王；其二、無法成為帝釋天；其三、無法成為魔王；其四、無法成為有德的大王；其五、無法成佛。

基於上述道理，為何妳能開悟成佛呢！」

龍女默默地，手捧寶珠送到世尊面前，世尊隨手拿下寶珠。

龍女對智積菩薩和舍利弗問道：

「現在世尊已經接受了我送出的寶珠，你們都看到了，夠快吧？」

兩人齊聲道：

「夠快！」

龍女繼續說：

「我的成佛要比這個更快，二位且看我的神通力！」

於是，就在眾目睽睽之下，龍女轉身一變，突然變成男人，如同完成菩薩行的佛之姿態，端坐在南方無垢世界的蓮花座上。

智積菩薩與舍利弗二人都默然無語，凝視著如此尊貴模樣久久不語。

第十三品……『妙法蓮華經勸持品第十三』

當時，藥王菩薩與大樂說菩薩代表兩萬名菩薩伙伴向世尊提出誓言如下：

「世尊，雖然在你入滅以後的娑婆世界會漸漸惡化，但是，請世尊安心，無論如何地困難我們都能忍耐，一定要把法華經廣為傳教。」

前面受到世尊預言可以成佛的五百名阿羅漢、授學人、無學人等修行僧等也提言道：

「我們也要到其他各國去傳教。在人類的世界裡充滿了傲慢暴躁的人、欺詐奉承為能手的人、滿懷險惡的人，這些人都非我們易於對付的人。」

不經意地轉頭看去，世尊的嬸嬸波闍波提比丘尼（男性僧人稱為比丘；女性僧人稱為比丘尼）與世尊的夫人耶輸陀羅比丘尼兩人似乎很寂寞的樣子。注意到這般情形的世尊於是預言道：

「以上，我對所有的聲聞做了預言。接下來，我要宣告：你們兩位也能在未來世成佛。不僅如此，你們兩位的比丘尼伙伴也必將能成佛。請大家都努力做個好的說法者。」

二人喜形於色地說道：

「世尊，非常感謝。我們也要遠赴他國廣為宣教。」

世尊默然首肯。接著，在場菩薩們齊聲宣誓：

「現在起的世間將變成『五濁』的混濁末世。——所謂五濁就是：一曰『劫濁』，係指時代混濁。二曰『見濁』，指對事物的看法混濁。三曰『煩惱濁』，係指人心因貪、瞋、痴而混濁。四曰『眾生濁』，係指人的行為混濁。五曰『命濁』，係指由於公害而影響到每一個的生命受到混濁。

惡鬼悄然進入每個人的心靈。我等要去廣傳教義，必將遭到惡罵，甚至有受到迫害的危險。然而，我等必定忍耐再忍耐。絕不怕死。對於不接受這部絕佳的法華教義的人，我們不論人數多寡，就算是只有一個人也不輕易放棄。

大家以『一人也不放棄』誓言勵行。」

第十四品……『妙法蓮華經安樂行品第十四』

這時候，文殊菩薩對世尊請問：

「世尊，諸菩薩今後要到逐漸惡化的人間去廣傳教義時，應該注意那些事情呢？」

世尊回答說：

「菩薩們！首先對自己的行為要隨時注意與人的關係。

因此，凡事要忍耐。態度要穩重，不隨便發言。始終遵行佛理、不驚不慌，心平氣和行事。尤其是在與人交往之時，勿太親近有權勢的人。對於宗教式政治有強烈主觀意識的人宜敬而遠之。

對於使用魔術騙人、或是只知自救而不救人的修行者或信徒，應與他斷絕往來，不過，他們如果真心要來尋找正法的時候，切勿吝於教導。

對女性傳教時，切勿挑起對方的情慾，希切記之。

以上各點希謹記慎行，如有空暇，宜多打坐修行，使心靈精神統一不亂。這樣奉行，不但宇宙成為生命躍動的靈界，我們自己的身心也會感同由翠綠的靈界躍出的生命一般，希諸君切記！切記！

再者，在對人講經說法時，不要儘找經典的碴，也不要揭人短處。勿對別人正在講解教義加以批判或低貶他們。

如果遇到難於回答的質問時，務必回歸到宇宙的道理來作答。對於不同教義的討論應該避免。不過，自己應時常思考『我該如何來解說教義廣傳教理』？

最後，雖然末世的人們既不聽說法，也不信教義，也不想開悟，我們要廣傳教義的人絕不可輕言放棄他們。『自己能開悟，一定可以用自己的智慧和神通力來教化他們。』這是要堅決的意志與持續不斷的恆心才能達成的。

以上所提，乃是做為菩薩的行為、人群關係、心理準備、慈悲心、堅持理念的恆心。此四則稱為『四安樂行』。

能夠時常遵守四安樂行，而為法華經廣宣教義的人，必能自我習得如來般，乘坐蓮花對諸菩薩講解教義。美夢可見，如在眼前。」

※　　※　　※

第一品起至第十四品為止，又稱為「垂跡門」（簡稱跡門），是將釋迦世尊的言行轉投影為其他諸佛的記事。

以下自第十五品起至第二十八品為止，又名「本地門」（簡稱本門——「本門佛立宗」或「池上本門宗」等宗派名稱，或係出自此處），主要是闡述釋迦世尊乃永遠不滅的如來之道理。

第十五品……『妙法蓮華經從地湧出品第十五』

這時，從娑婆世界以外的國度來聆聽教義的菩薩們，從聽眾當中站起來，向世尊請教：

「世尊，當您入滅之後，我們是不是應該繼續留在娑婆世界推廣教義呢？」

世尊說：

「不必，此意雖然不錯，但非必要如此。在此娑婆世界裡，我已教化無數的菩薩，他們又都有無數的弟子。就由他們這群菩薩們自己來推廣教義吧！」

此刻，從佛壇眼前的地面以至全國所有土地，忽然，嘎喳嘎喳地崩裂開來，從裂縫中湧出幾千幾億的菩薩來。

每一尊菩薩都是全身金光閃閃，保持原來坐姿向空中昇起。移向並坐在七寶飾造大寶塔內的多寶如來和世尊的身旁。向右回轉三圈，然後依序合掌深深作揖禮拜。

全部菩薩依序頂禮完畢，前後費了五十萬年的時光；在場的聽眾信者卻只覺得是半天的光景。

由「上行」、「無邊行」、「淨行」、「安立行」等四位菩薩代表全體菩薩們走進世尊面前，向世尊問候。

眼見如此情形頗感怵目驚心的彌勒菩薩，終於忍不住地向世尊請教：

「世尊，我謹代表在座聽眾信者們請教世尊。雖然，我長年服侍世尊身旁，卻從未見到如此眾多的菩薩。

諸多菩薩卓越的神通力與優異的智慧，能使大地蹦裂，而由地下湧出，使我們親眼目睹，十分嘆服。

到底，他們原來是住在那裏？為什麼湧出來此地？」

世尊不厭其煩地重新詳細解說道：

「彌勒，你要仔細聽明白！這群眾多菩薩都是我在此娑婆世界開悟受教化的人們，他們都是我的教子。他們都住在此娑婆世界的地下一處虛空的地方。經常為求取佛的智慧而努力用功。雖然平常不太熱衷於講經說法，一旦說起法來卻是一級棒。這可歸因於我從遠古時代以來一直在教化他們之故。」

彌勒，聽了這段話，更覺得道理說不清了。於是，再進一步問道：

「世尊，還是需要你的教誨。世尊您從身為太子，由王宮出家修行，以至於開悟成佛，前後尚不及四十年。

為何能在如此短暫的時間裡教化出如此眾多的菩薩呢？更何況他們都是如你所說的：從遠古時期開始修行至今，而你又稱他們是你的教子。

如此算來，不過是二十五歲卻已白髮斑斑。如果說：『這是我的孩子』，那麼，這些老人不就也可以說：『這個年輕人是養育我的父親。』是不是這麼一回事呢？

世尊與各位菩薩的這種關係實在令人大惑不解。為了未來世所有的人不致於誤解這種不可思議的關係，可否請世尊詳細解說。」

第十六品……『妙法蓮華經如來壽量品第十六』

這時候，世尊面向全體聽眾信者，對大家說明：

「諸君，仔細聽著！從現在起，我要講的話是教義深奧之內容，希望多予理解，並且確信不疑！」

看來是要教導很重大的教義，因而這段話重複了三次。彌勒菩薩為首的諸多聽眾信者也三度請求道：

「世尊，懇求您為我們解說，我等都是由衷期待拜聽教義。」

世尊很嚴肅地開始講經說法：

「各位，大概以為我是出了王宮開始修行之後，在菩提樹下才開悟的。事實上，我是在很久遠之前的過去便已開悟。

真正的我，乃是從過去以至未來都連綿不斷的生命體。但是，為了教導各位的方便，以『燃燈佛』的佛身出現在當今世界，以及讓大家看到我離開現今世界。

又為了滿足德薄悟淺的信者，才對他們說：我是自幼出家，苦修之後成佛的。

我的講經說法是使用各種方便之說來喚醒所有迷失的眾生。無論怎麼說都有其真實性，絕無任一無意義的事。

如來乃是已看清宇宙的生命是綿延不息的。凡人則是錯把眼前的物體在一定期限覺得擁有它，時而覺得一無所有。

然而，未得開悟的眾生，總是心懷各種錯誤的性格，為了達成各種慾望為所欲為，只顧自己不管別人。因而爭端紛起，造成多少痛苦。

如前所述：『我不久即將與現今世界告別』。此乃為方便於教化眾之故。我如果不是死去而是暫時與大家分手，那麼，大家會覺得隨時都還能聽得到我來講經說法。難免會產生怠惰之心。

對德薄眾生而言，要與佛相聚是千載難逢之良機。如能瞭解，方能如同渴者之求水般慇懃探求佛道。

舉例來說：

某地，有一再世華陀的名醫，他有很多子女。有一天，當名醫外出時，孩子們誤服毒藥。

名醫回到家，見此緊急狀況，立即配藥給孩子們飲用。能老老實實地把藥喝下去的孩子都痊癒了；可是，有些孩子嫌藥的味道不好，始終不肯喝藥。此時，名醫對那些孩子說：

『我現在有事要到國外去，不在的期間，只要把這服藥喝下去，必能根治。』

名醫說完畢隨即出門。到達外國即差人回家告訴家人：『令尊客死國外。』

那些不肯服藥的孩子，聞此噩耗，自知已無法再期待父親另調味道較佳的藥，為了早日痊癒，只有把原來父親留下的藥喝下去。於是全部孩子都服了藥而都痊癒起來。

我乃眾生之父，隨時都與眾生同在，雖有心想要救出大家脫離苦難，一般人卻錯以為眼前看得到才是真的。而為了導正大家的錯覺，才對大家說：『時間一到，必將入滅。』

如果有隨時都能與佛相見的想法，便會讓心情散漫，貪圖五慾（食慾、睡眠慾、性慾、財慾、名譽慾），偏向惡行，諸此種種，都是造成人生的痛苦。

我向來念念不忘的唯有：『如何才能引導眾生得入佛道。』」

第十七品……『妙法蓮華經分別功德品第十七』

諸多聽眾信者獲知：佛的壽命是無限量的，而且無時不刻都在想辦法要引導大家進入佛道。大家內心得到很大的放心。

此刻，世尊對彌勒等菩薩們說道：

「彌勒，我為如來的壽命是永遠的。要聆聽說法、衷心信以為真的諸菩薩，諸惡莫作、眾善奉行才是。

如此，才能有足夠的實力去各處廣宣教義。

再者，不可期待任何報酬，才能達到以純潔的心情去廣宣教義的境地。」

當諸菩薩、眾出家、各信者，對世尊的解說都能明白之時，無法描繪的美景——栴檀、沉香、諸多又香又美的花絮，形同天人的羽衣由天上飄然而下——出現了。

彌勒菩薩從座位上靜靜站起來，對世尊合掌說：

「世尊，今天第一次聽到這番道理：如來為普渡眾生，具有廣大神力、無限壽命、隨時隨地存在。我們因此都得到了很大的好處。」

於是，世尊說：

「彌勒，如果有人聽到佛的壽命是永遠的，瞬時之間即信之不疑，則其功德必無可衡量。

一瞬之間，即刻深信佛的生命永生不滅的人，其靈魂必然是真正覺醒了。

再者，知道這般道理的菩薩，應發願：覺悟自己有了無限的生命，願以此永遠為普渡眾生而獻身。

彌勒，如來入滅之後，佛的壽命是永生無限的，希對其奧秘深遂之道理充分理解毋庸置疑，如能單純地懷有感恩的想法，那才是真正的信仰。

我入滅之後，若能講誦教義，為他人說法、自行寫經、也教人寫經，如此之供奉教義，比建塔供養僧眾更具廣大功德。再進一步，兼行布施、持戒、忍辱、不發怒、不以惡言向人，不誑騙他人，其功德尤勝一籌。

由內心深信本教義的人所居之處，佛亦居之。我必常常到該處去，與他一起研讀經文，並座修練禪定（冥想）之功。」

第十八品……『妙法蓮華經隨喜功德品第十八』

那時候，彌勒菩薩向世尊請問：

「世尊，世尊入滅之後，若有人聆聽法華經後能心存感激，其功德有多少？」

世尊答曰：

「彌勒，不管是不是信者，誰都一樣，只要是聽了本教義若是心存感激，到別處去的時候，也會說出那些感激的話。

聽到這些感激的話的人也覺得值得感激的，感激的話再傳給其他人。如此傳至第五十名的人也心存感激的話，其功德更是巨大無比。

譬如說，有位大施主，對一大群生活困難的人，八十年來一直施給金錢或物品。最後，來聆聽佛法，在精神得以平安。

這位大施主所受到的功德，是為前述傳至第五十名的人也心存感激的人之功德的幾億分之一而已，那種程度的法華經功德亦是無量的。

有人到寺裡，縱使是一瞬之間，或短短一句話，只要能聆聽法華經的教義，他就能夠變到天上界去出生。

如果有人很慢才能聆聽教義，告訴他們，『喂！這裡還有空位。』那個人就能到帝釋天或梵天的身旁去。

如果有人會勸導不想去聆聽法華經的教義的人，他是跟陀羅尼菩薩同一個地方轉世，是智慧很高的人。」

——更何況，打開本書的內頁的讀者所受到的功德，可一直傳到末代殘留期間。

第十九品……『妙法蓮華經法師功德品第十九』

當時，世尊對「常精進菩薩」說：

「如有男女：信心堅厚、對法華經勤讀、常念、為人解說、又自寫經。此等人士應當獲得如下功德：眼得八百功德、耳得一千二百功德、鼻得八百功德、舌得一千二百功德、身得八百功德、意得一千二百功德。

眼之功德乃在於下起地獄最下層的奈落谷底，直達有頂天的最上層所涵蓋的三千世界，全部都能看清楚，也能看到在其中居住的所有生物。

耳之功德乃在於能聽清楚所有來自三千世界的聲音。無論是天人美妙悅耳之歌聲或談話，或是墜落地獄的惡鬼哭叫聲，或是動物的吼叫鳴啼等各種聲音都聽得到。

鼻之功德乃在於能夠聞得到三千世界中所有香味。紅、藍、白各色蓮花的香味；沉香、栴檀、曼珠沙華（石蒜）的香味；天人的體香等都聞得到。甚至在荒郊野外獅、象、豺狼居住地方的氣味也知道；聞得孕婦的體味便能辨別胎兒的性別是男或是女；能由氣味察覺埋在地下的金銀寶石的位置，由人的體味可以知道那個人的慾望或是生氣與否、或是不是一個行善修性的人。

其次，常精進，你要記住！

舌的功德乃在於：只要他嘗過的東西，無論多麼難吃的東西都會變成美味可口；苦的和澀的東西，會變成如同天降甘露一般甘醇。從他的舌聲發出來的經典說法，可以打動人心，聽他講經說法的每一個人都能打從內心受到感動。

進一步地說：以法華經持身，其身始終得以清淨，輝映出菩薩的妙身。

再進一步說：讀經、解經、寫經的人的心意的功德，乃在於對本教義聞一知百，只要聽到開頭的一句話，便能理解到更深奧的教義。對於住在三千世界的天人、凡人、龍，或如鬼神般的夜叉的心意都能察覺清楚。

這樣的人所說的佛經，都會跟過去諸佛所說過的佛理一致，使人人都深銘五內。恆常奉行法華經教義的人，為使其心常保清淨，必能如上所述得其功德。」

第二十品……『妙法蓮華經常不輕菩薩品第二十』

接下來，世尊對「得大勢菩薩」及其他諸菩薩說：

「諸位，切記！切記！對法華經教義的信者，或信守法華經教義的修行者，口出惡言者必遭大罪。以法華經持身修行者必得六根（眼耳鼻舌身意）清淨之功德。

得大勢，在遠古時期有位名為威音王如來的佛祖。以四十億年以上的長時間為尋求開悟聲聞的修行者講解『四諦』之法。教人如何逃離四苦八苦的人生苦；又對尋求開悟緣覺的修行者講解『十二因緣』之法，使其開悟；而對眾菩薩講解『六波羅蜜』之法，徹底究明佛的智慧。

大抵說來，佛法廣傳之法有三：一為『正法』，是以實行正確的佛法時代，在其持續很長的一段時期之後，進入其二為『像法』，亦即：只在形式上傳授教義的時代，它比前者持續更長的一段時間之後，到達了其三為『末法』，此乃佛法已廢時代的來臨。

當正法時期隨威音王如來入滅而消失的時候，又有卓越的佛祖降臨，於是進入像法時期。

當時，很多僧眾實未開悟而自以為已經開悟，其勢力甚大。其中有一位名叫常不輕的比丘（僧侶）。

這位比丘，所遇到之人，不論是否未讀經的人，或是出家人，或是修行人，或在家的信者，都當他們是有志弘揚佛道的人，見人即合掌頂禮拜見並且說：

『我不敢對你輕慢，因為你將來必會成佛，我深深敬重你。』

聽到這番話的人當中，有人認為無聊，持杖打他，用石頭襲擊他。他還是邊逃邊在較遠的地方依然禮拜稱道：『我還是不敢對你輕慢，你將來必會成佛。』

他一生當中始終不改其行。及至其壽命即將結束之時，從天空之中傳來威音王如來講解法華經的教義，常不輕一一領悟。

於是這位六根清淨的比丘終於得成菩薩。此位常不輕菩薩，其實並非他人，實即我本身也。

至於常不輕說：『你必將成佛。』的聽眾，就是現今在場的諸位聽眾信者。聆聽法華經的教義的機會雖少，但非完全無緣。當我入滅之後，幸好時機成熟，有此機會可以繼續聆聽教義，請勿存疑，真心修持為本經典弘揚。」

第二十一品……『妙法蓮華經如來神力品第二十一』

話說當時，如前所述地面崩裂情形一樣，無數的菩薩從地下湧出來，面向世尊朝拜，齊聲向世尊說：

「世尊，我等在世尊入滅之後，將以世尊的化身，到各處去推廣此經教義。我等為何要這麼做?乃是基於報答這部實在太好的法華經教義所賜之恩。」

聽到這段話的世尊，於是在文殊菩薩為首的，住在娑婆世界的諸菩薩、修行者、信者、天人、鬼神等全體聽眾信者面前，又再展現一次更強大的神通力。

起初，世尊從口中伸出通紅的長舌，徐徐向上昇起直達梵天境地。——由此可以得到世尊並未使用兩隻舌頭的證據——。

接著，從世尊身上的毛孔發出無數道的彩光，金光閃亮地射向十方世界。——這又是表示什麼意義呢？——。

此種光景持續達一百一十年。——話雖如此，對全體聽眾信者來說，只覺得一瞬即息的樣子——。

不久，世尊收回伸出的長舌和放出的光芒。接著，世尊與諸佛齊聲發出咳嗽聲，也彈指出聲（彈動拇指與中指，如音樂指揮般，發出彈指之霹靂聲）。——這是表示決心要「齊心協力為此聖教弘法」的意思吧？——

這兩種聲音響徹十方世界，引起大地六種震動。在場的聽眾信者們，看到了浮在虛空之中的寶塔裡面，我們的世尊與多寶如來親密地並坐在一起，而在其四周，無數的菩薩環繞坐著。大家內心覺得前所未有的歡喜，於是心中想著：

「我們都是世尊的化身。那麼，我們何時可以成佛呢？」

此刻，遠從天界那邊，無數的善神大聲齊呼：

「在此宇宙中的娑婆世界裡，有一位佛陀，他的名字是釋迦牟尼佛。他為諸多菩薩講解『妙法蓮華』、『教菩薩法』、『佛所護念』等教義。一切的眾生們，你們應當禮拜供養釋迦牟尼佛。」

全員同時合掌，齊聲唱出：

「南無釋迦牟尼佛！」

同時，天上飄下來香味極佳且色彩繽紛的花瓣，還有稀貴的珍寶也紛紛散落下來，覆蓋在眾菩薩身上，完全像是把整個宇宙的十方世界融成同一個國度的樣子。

這時，世尊對上行菩薩和其他諸菩薩嘆聲道：

「現在所展現的諸佛神力，實非一般常識所能想像得到的巨大。但是，法華經的力量，遠遠超過的神通力。

當我入滅之後，希能為本教教義一心受持、誦讀、解說、書寫、依經修行。只要是正確地奉行本教教義的地方，無論是花園、山林之中、大樹之下、寺廟之內、在家府院、集會場所、乃至山上、山谷、郊野，處處皆應建塔供奉。

因為各地，都與佛陀開悟的地方一樣。」

第二十二品……『妙法蓮華經屬累品第二十二』

此時，世尊從講經說法的座位站起來，展現出廣大神通力，用右手撫摸眾多菩薩每一個的頭。

實際上，是每一個菩薩來到世尊自己的面前，感受世尊的手來摸頭的動作。

世尊接著這麼說：

「我是歷經無限的時光，修得很難得到的佛的開悟之道。現在要請你們將此至尊開悟之道流傳到後世。」

於是，再行三次撫摸諸菩薩的頭，接著說：

「諸君，你們都有與如來相同的素養，應可成為對一切眾生的大布施者。我對各位教以正確的佛法絕不有任何保留。

相信佛陀的智慧的男男女女，也應毫不保留地廣為解說法華經才是。如果，對法華經的教義無法深信的人，現在我就為他們講解其他的教義，配合那些人的機根（眾生內心所具備的機根，能在聆聽佛教的教義產生行動力）來說教，而逐步導入正法。

如此，可以算是報答了諸佛之恩。」

聽過這段講解的諸菩薩，滿懷歡喜地異口同聲對世尊說：

「我們一定遵照世尊的教示身體力行。請世尊不必過慮。」

世尊於是對來自十方世界的佛的分身諸佛們說：

「請大家各回原來的國土，多寶佛塔也恢復原狀。」

講經說法到此終告結束。

第二十三品……『妙法蓮華經藥王菩薩本事品第二十三』

當時，宿王華菩薩向世尊請問：

「世尊，『藥王菩薩』是如何能在娑婆世界自由自在地普渡眾生？他積了多少難行苦行？才能達到他那樣的境界？如果世尊能把它教導我們，天人、龍神、鬼神、人或菩薩，大家一定會很高興的……」

世尊說：

「在遠古時代，有位名叫『日月淨明德如來』的佛祖。

某次，他對聲聞眾和菩薩眾等諸多弟子講解法華經。其中一名弟子叫『一切眾生憙見菩薩』，得聞本法極為感激，修行此教義長達一萬二千年，終得開悟。為報恩，想對日月淨明德如來與法華經供養。於是以自己的肉體拿來供養。

於是，在一千二百年之間，服用香味極佳的香油，身著天人之衣，並以香油塗在身上，然後引火點燃。

一切眾生憙見菩薩的身體燃燒所發出的光芒，照亮了所有的陰暗角落。看到這道光芒的諸佛齊聲讚曰：

『這真是太了不起的精進。這種布施是所有布施中第一等的布施。』

大家說畢，默然凝視其燃燒的身體。它一直燃燒了一千二百年之後才漸燒完。

以自己的身體供養而結束生命的一切眾生憙見菩薩，接著轉世到日月淨明德如來居住的國度裡，成為國王『淨德王』的王子。

王子就在出生的佛壇向父王說：

『父王，我是古代跟日月淨明德如來修行並得開悟後，以自己肉身供養。如來目前尚健在，我想再度追隨左右，以報答他教導法華經之大恩。』

話畢，立即昇入虛空來到如來身旁頂禮參拜。如來大喜而說：

『王子，你來得好。現在我已迫近入滅之時。今夜，我將涅槃。我入滅後，佛法的弘揚工作就託付於你。請把我的遺骨分配到世界各地，多多建塔！』

說畢遺言，世尊在當夜夜半入滅了。

一切眾生憙見菩薩至深悲傷感嘆之餘，以栴檀木堆積如來的遺體予以火化。把世尊的舍利分裝成八萬四千瓶，建立八萬四千座塔供養。

接著，面對聚集在那兒的菩薩與聲聞眾等諸多弟子說：

『現在，我要告訴大家：我要供養日月淨明德如來的舍利。』

話未講完，早已將自己的手腕點火燃燒起來。這種對佛真心的光明，連續燃燒了七萬二千年。看到這種情景的弟子們，十分耽心自己的師父的兩隻手腕被燒光。得知這種耽心的菩薩對大家宣告說：

『我雖失去兩腕，卻得成永遠不滅的肉體。如此為真實，此兩隻手腕必將依舊復元。』

話未說完，兩隻手腕居然已復元如初。

待世尊話畢，宿王華菩薩說：

「這位一切眾生憙見菩薩，該就是藥王菩薩的前身吧！藥王菩薩曾經以燃燒自己的肉體來做出無限的布施。

宿王華呀！如想達到無上的了悟，就把一隻手指或一隻腳趾點火做為明燈，拿到佛塔去供養吧！

再者，與其以堆滿三千世界的稀世珍貴寶物來供養，不如一字一句地把法華經誦讀。在所有經典之中，首推法華經最為卓越。

法華經能使人得到：如同給口渴的人有水喝；給冷得發抖的人有火取暖；給黑夜點亮燈光；給病重的人帶來醫生；給貧困的人獲得巨款；給旅行者一個很好的嚮導。法華經能為一切眾生消除煩惱與痛苦。

宿王華呀！在法華經各品當中，尤其要聆聽藥王菩薩本事品，其功德是無可限量的。

宿王華呀！你應該全力以赴，為本教教義護法弘揚佛道。本教義是住在三千世界的心病之良藥。有心病的人聽了這部經，病會立即消失，而獲得不老不死的生命。」

此時，從寶塔之中傳來多寶如來的聲音。

「宿王華呀！你對世尊提出了很重要的問題，你所質問的事帶給眾人很大的利益，你也得到了無量功德。」

第二十四品……『妙法蓮華經妙音菩薩品第二十四』

當時，世尊的肉髻（釋迦世尊的頭頂上凸起一個肉瘤狀）與眉間的白毫，突然射出一道耀眼的閃光。照亮了東方未來世。

東邊一直過去，有一個「淨華宿王智如來」所居住的名為「淨光莊嚴」的世界裡，在那兒有位名叫妙音菩薩，他已體驗得到至深智慧與大三昧的境地。

當世尊將其射出的光芒照向妙音菩薩之時，妙音菩薩面向淨華宿王智如來，並對他說：

「現在，我想到娑婆世界去向釋迦牟尼佛頂禮參拜。也想可以會見文殊菩薩或藥王菩薩。」

淨華宿王智如來很快就答應了。

妙音菩薩保持原來坐姿進入禪定（冥想）。顯現出驚人的神通力，在世尊講經說法的娑婆世界的靈鷲山四週，浮出八萬四千株蓮花。

這些蓮花都是以金為莖，以銀為葉，而又有鑽石為蓮鬚，紅寶石為花朵，如夢般綻開來。

看到此番光景的文殊菩薩向世尊請問：

「世尊，為什麼能有如此現象出現呢？」

世尊答道：

「現在起，名為妙音的大菩薩和很多的菩薩一道來此，為的是向我和多寶如來朝拜。並供養法華經。」

不久，從虛空之中妙音菩薩坐在七寶裝飾的樓閣來到許許多多菩薩所圍繞的靈鷲山的上空。不知從何處傳來美妙的音樂。伴著七寶蓮華降下來。

從安靜的樓閣裡走出來的妙音菩薩，內空中向地上降下，向世尊獻上價值不知值多少百億元的首飾做為見面禮。接著又拜見了多寶如來。

華德菩薩對世尊請教——

「世尊，那位妙音菩薩到底積了什麼樣的善行功德呢？何以能修練出如此偉大的神通力？」

世尊說：

「華德，古代有個國度，名為『現一切世間』，那兒有位名叫『雲雷音王佛』的佛祖。

妙音菩薩為了供養我，他到了那個國度，在一萬二千年的時光裡，不停地演奏音樂，並且以八萬四千件七寶飾造的器皿來供養。

受此庇蔭，得在淨華宿王智如來的國度出生。而且習得如此卓越的神通力。

華德！你可是以為妙音菩薩僅是一個人，實非如是。他能變身成各種不同狀況，為了眾生的講經說法。

有時，他變成梵天或帝釋天、有時變成大王或大富翁之身、有時變成和尚，或大臣，或家庭主婦。有時不在人世間，而變成天人，或龍神，或鬼神。依不同的場合，甚至自己以死與對方相見而達成教化的工作。」

華德菩薩聽到這裡尚未完全理解，於是再問道：

「世尊，妙音菩薩是學了何種三昧——常聽人說：讀書三昧或道樂三昧，其源係出於此——得能如此多種變身？」

世尊稱：

「華德呀！他所學到的三昧叫做『現一切色身三昧』」。

針對此內容詳細解說，與妙音菩薩一道來的八萬四千位菩薩與一同聆聽教誨的娑婆世界諸菩薩，也都學成了現一切色身三昧，得到了諸惡不作眾善勤行的力量。

〔第二部〕【觀音經】（法華經第二十五）

《法華經》的第二十四品到此結束。

以下開始進入第二十五品，

第二十五品就是本書標題的『觀音經』。

『觀音經』的內容故事比較單純，人物也比較少。是一部很容易理解的經。

如同『觀音』之名，觀音佛祖的功德反覆地闡述，到底有些什麼樣的功德，趕快來看下去吧！

第二十五品……『妙法蓮華經觀世音菩薩普門品第二十五』

本文只有二百六十二個字的短經《般若心經》的主角為「觀自在菩薩」；本文有二千九百二十九個字的長經『妙法蓮華經觀世音菩薩普門品第二十五』的主角則為「觀世音菩薩」，兩位都成佛。

「妙法蓮華經乃觀世音菩薩的密號。」所以稱謂觀世音菩薩乃基於：持蓮花般清澈之心，佛的世界可謂「得自性清淨法性如來」。

因此，觀世音菩薩的原貌（佛原來的姿容）就是「阿彌陀佛」。

佛的世界以蓮花為象徵，其原因在於蓮花是一種不可思議的花。常言道：「蓮有三德。」

一、能生長在任何污泥之中而不為污泥所染。開出清澈之花，此其德也。

二、能於開花同時結果，此其德也。

三、植物學家曾將四千年前的種子培植而生長開花，可是蓮花種子永遠不會失去生命力，此其德也。

換言之，無論任何人，只要有佛的種（根），當時機來到，必可成佛，以蓮為例最為恰當。

釋迦世尊的弟子目蓮之母，死後掉落地獄，無法忍受地獄責打之苦而逃出，躲入蓮穴之內。曾有此傳說。

有人說：古時候有「飲用蓮之精華」之傳說，當夏日中暑時，摘下蓮葉取其中心之莖，打通莖使其中空，把酒倒入蓮葉，以蓮葉莖為吸管吸飲之。

一般人，雖然不是目蓮之母，時間一到，仍是非死不可——不論你是躲到埃佛勒斯高峰的洞穴中，或是躲到瑪琍安娜海溝的海底裡，甚至是躲到月球世界去。

當死神來臨之際，自古以來總是祈禱著：

「大慈大悲觀世音，請救救我吧！」

由此可見眾生對何處不慈悲；無限神通的觀世音菩薩是多麼地殷望。

觀世音菩薩，無論在什麼地方（此即普門），只有聽到這種祈禱聲音，立即到達現場，來到即將過世的人之面前。以很親切和藹的語調對他說：

「一切都已平安無事。所有的苦難都由我來替你承受，你可以安心了！」

此即人稱：「大悲代受苦」。觀世音菩薩最了不起之處。因此，大家常以為：「妙法蓮華經八卷二十八品當中，總是以此觀世音菩薩普門品第二十五（觀音經）最受大眾的喜愛。」

其他二十七品總是如何供養啦！如何修行啦！如何嚴守戒律啦！不厭其煩地緊迫大家折伏（服從：讓大家服從佛法）。只有第二十五品內容比較輕鬆。因為不必以全心全力去研究全部法華經的內容，任何人都可以把觀音經當做獨立的一部經而研修。

無論如何，當面臨苦難或是困惑之時，如能拼命禮讚「南無觀世音」，都能受到照顧。世上還有更好的事嗎？

到底有多好呢？趕快來拜聽世尊他怎麼說？

第一章　現世利益

爾時無盡意菩薩即從座起偏袒右肩合掌向佛而作是言世尊觀世音菩薩以何因緣名觀世音

當時，無盡意菩薩立即由座位站起來，右肩一邊袒露，雙手合掌向佛陀頂禮而說了這些話：

「世尊，觀世音菩薩是以何種因緣能稱為觀世音呢？」

世尊（原來經文是寫為「佛」，此處係同一人）對妙音菩薩的講話才結束，無盡意菩薩馬上從座位站起來，對世尊提出請教的問題。此處所稱的座位，並不是指椅子。

在印度郊外集會，都是「胡坐」（即盤腿坐）。直接坐在地面。一般而言，稱為「盤腿坐」，和尚們打坐的方式稱為「坐禪」，正式名為「結跏趺坐」，把右腳放左腳之上，兩隻腳底朝上。

比較簡單的坐姿稱為「半跏坐」，只有右腳底朝上。以這種坐法在自己的坐位（坐坪）上就坐。

從坐坪站立起來的無盡意菩薩，右肩單邊袒露，這並不是表示他在耍流氓；也不是在說道上的話（兄弟話）。同時，也不是為了什麼人而袒露單肩來擺架勢。

在世尊面前，一開始便是穿著「袈裟」。袈裟的穿法，一定是穿左肩而露出右肩。

武士決鬥時，為殺對手的氣，對其袈裟由左肩到右腰間砍下，讓他看起來如同穿了袈裟一般。

袒露右肩是一種表示尊敬的標幟——不必你出手來砍。袈裟是在釋迦世尊修行時期，檢拾眾人擦屁股的破布，洗淨後縫合起來穿的衣服。所以又稱為「糞掃衣」。

之後，漸漸改良。當佛教傳入日本，天皇對入籍為僧時，賜予金線織花錦緞之袈裟。

公元七九〇年，日本桓武天皇遷都平安京之時，負責道路工程的大臣去向天皇請教道路開拓計畫時，天皇呼地一聲打開了九條袈裟，宣告道：

「就這麼辦！」因此，現在京都市內，果真如同袈裟張開一樣，有二條通、四條通、以至九條通，都是井然不紊的街道。

話說回來，穿著袈裟的無盡意菩薩；向世尊合掌頂禮問道：

「觀世音這個名字是怎麼一回事呢？寫成『觀看世間之音』難道是要觀看聲音嗎？懇請世尊告訴我們到底是什麼道理？」

佛告無盡意菩薩善男子若有無量百千萬億眾生受諸苦惱聞是觀世音菩薩一心稱名觀世音菩薩即時觀其音聲皆得解脫

世尊對無盡意菩薩說：

「善男子！如有百千萬億的無量眾生受到諸多苦惱之時，當其得知有關觀世音菩薩救世之事，不能一心一意誦唱觀世音菩薩之名的話，觀世音菩薩能即時觀其聲音而使大家都得到解脫。

世尊，首先叫一聲「善男子！」接著再回答。

善男子並非僅指男性而已。應該是指到寺廟參拜的每一個人，我們都稱他們為「善男信女」一樣，善男子的意義是相同的。

大體說來，會想去參拜的人不會有壞的念頭。為了「現在想到銀行去搶劫，請指示應如何下手最好。」而來祈願的強盜究竟很難得出現的。

其次，讀到百千萬億的無量，可見佛教的世界對任何事都是廣大無邊的。中國人習慣上有誇大的表現法，例如「峭壁千仞」、「千山萬水」、「白髮三千丈」等，佛教亦以想像之上的巨大程度來表現。

直到今日，世上不過只有五十六億的人口而已，無量（無法計量）的眾生乃是說很多很多的意思。而且，無論有如何眾多的眾生，大家都有各種不同的煩惱或痛苦。

今日，我們受到評論家、或電視演員的影響很大，又陷入不知的另一型苦惱。如此無量的眾多人們信念：「觀世音菩薩呀，你一定能救我。」無論何時何地，只要一心一意誦唱「南無觀世音菩薩」。觀世音菩薩應該在瞬息之間視其音而除眾生的煩惱與痛苦。

「應該」，前述所謂應該是有其理由的。其前提在於「一心一意誦唱佛號的話……」。

儘管只是一絲絲的懷疑──「觀世音菩薩真的會來救我嗎？」或是打從心底認為：「向沒有光環的神祈願怎麼會有效呢？」無法一心一意深信不疑，怎麼會有效果呢？

信心，如同一條琴線。當你撥動它的時候會有奇蹟出現。

要能做到一心一意，就要像用放大鏡把太陽光集中起來可以點火一樣。不能專心一意地把放大鏡拿好，光你就會零亂而無法把熱量聚集起來。

亦即，心有旁騖，一心兩用是不可以的。無論如何地祈求神明，如果分心則無法得到效果。不分心，專心一意的祈願，才會發生不可思議的效果。

以必死的決心祈求觀世音菩薩而使病痊癒的實例，不僅在有名的著述《壺坂靈驗記》中提到的里•澤市的故事中出現而已，在我們身邊也是常有的事。

祈求治病的時候，有一個共同的特徵。幾乎都是在全身刺痛循環之後，突然感覺到「病好了！」的舒爽，一下子食慾大增。

如此救人的觀世音菩薩，可以說是觀看到一心一意祈願的聲音。不過，你是否問我：「聲音看得見嗎？」

看得見的「見」字，是目字之下接連兩隻腳。而「看」字則是手下附著目（眼睛）。

我們平常洗澡浴池的水要加？要減？是用什麼看的？味道是用什麼看的？脈搏是用什麼看的？所謂「觀」的意思，乃是用心中的眼睛（心眼）來看的。

不論觀世音菩薩還是世尊，他們具備了「五眼（肉眼、天眼、慧眼、法眼、佛眼）」。因此，要看見世間的聲音是輕而易舉的事。

在我們心中所看到的觀世音菩薩，為了不拘泥於固定一種型態或限於一個方向，背負諸多不同的煩惱與痛苦的我們，應該「發現出新生的自己！」由此，才能走向解脫（從煩惱解脫出來）之道。

七難

若有持是觀世音菩薩名者設入大火火不能燒由是菩薩威神力故若為大水所漂稱其名號即得淺處

如有人常持念觀世音菩薩之名號，假設把他投入大火之中，可以藉著這位菩薩的威神力而不被火所燒；如果把他投入大水之中漂流，只要誦念他的名號，立即可以得到淺的地方（不致被淹沒）。

人一出生即被宣告死刑。不過，這個死刑要在什麼時候執行卻沒有人知道。有人長壽，年逾百歲而壽終正寢；有的人卻出生不到一年便得急病而身亡。

每一個人都期待自己的日常生活能平安無事，安穩地過日子。可是受傷或受到各種災難卻與人生不可分。

特別是，此處所提到的七難，每個人都可能在明天就全身受其難。

然而，人們總是自以為了不起的。看到別人受到災難時，總覺得「我不會那麼倒霉的！我絕對沒有問題。」可知，當災難危險真正降臨到自己身上時……。

在心中保有信仰是很重要的！在我們每個人的內心當中有宇宙，在我們的腦髓裡，與宇宙的天體一般地運行不休（天行健）。創造此一偉大的宇宙般的心，乃是觀世音菩薩。

火災是恐怖的。當人們在百貨公司逛的時候，如果發生火災要怎麼辦呢？第一次住進大飯店時，深夜裡如果發生火災，一直找不到逃生出口，該怎麼辦呢？

不驚不慌地，誦念能使人免於死於非命的「十一面觀世音菩薩」真言。閉目聚精會神地誦念：

「唵　摩訶　迦盧尼迦　娑婆訶」

很不可思議地找到了出口。

水也是很可怕的。一位和尚在小學六年級的夏天裡，掉進了河裡。人一到生死關頭，從出生到眼前為止的過去發生過的事，就像快速換片的幻燈片一樣，很清晰地在眼前浮現出來。

和尚無意識地誦念：

「唵　摩訶　迦盧尼迦　娑婆訶」

因為和尚是寺廟裡的孩子，平常耳熟能詳地並未認真學習，只不過把讀經當兒歌唱而已。然而，本尊乃是十一面觀世音菩薩。祂的真言就如同祂的手一樣。

在水中浮浮沉沉當中，忽然覺得有什麼東西托住了腳底。不久就漂到淺灘。和尚大聲地哭叫。這件令人喜悅的往事，終生難忘。

若有百千萬億眾生為求金銀瑠璃硨磲碼碯珊瑚琥珀真珠等寶入於大海假使黑風吹其船舫飄墮羅剎鬼國其中若有乃至一人稱觀世音菩薩名者是諸人等皆得解脫羅剎之難以是因緣名觀世音

如有百千萬億的眾生，為了求取金、銀、瑠璃、硨磲、碼碯、珊瑚、琥珀、真珠等寶藏而乘船入大海。假使這時候被黑風吹襲而漂落到羅剎鬼國裡去。不管其中的多少人，甚至只有一個人，如能誦念觀世音菩薩的名號，所有的人都能從羅剎鬼國的災難中獲得解脫。觀世音菩薩便是由於這種靈驗的緣故，才名為觀世音。

在探險小說中常出現的乘船出大海探尋寶島的故事，在觀音經裡也有相同的故事。

借用一下世尊的話：「人類的慾望多得比恆河的砂更多，而無法計量。」

有一次，有位名叫「僧伽羅」的貿易商，與五百名友人一同乘船出海要去求取金銀財寶。

船到汪洋大海當中，遇到了暴風雨。帆破舵斷，漂流了很多天，漂到一個不知名的小島上。

上岸一看，在矗高的土牆裡有很大的宅邸。不久，從大門傳來歡樂的歌聲，同時出現一大群的女人。全都是生氣蓬勃的美女。

絕處逢生，高興之餘，只聽到美女們請求他們留住下來。大家很快地都接受了。

經過了不知多少日子，有一天，僧伽羅對於美女們一再嚴厲禁止，「絕對不可窺視」的倉庫，終於忍不住想探視個究竟。

人有喜歡鬧彆扭的脾氣。愈是要他做，他愈是不想做；要是不讓他做的，他愈想要做。

最後，僧伽羅忍不住地偷窺了倉庫。發現，倉庫裡堆滿了屍體。原來這些美女都是羅剎鬼，這裡就是魔鬼之島。

羅剎鬼叫喊著：「啦——苦，殺殺——」，而男鬼是看不到兩隻眼睛的醜男子；女鬼則是美艷如仙。羅剎鬼吸吮人類的血，吃人肉，能在空中自由自在地飛行。

僧伽羅仰天而望，這才發現羅剎鬼正打算要來吃自己肥胖如豬的肉。

暗中連絡全體人員集體逃到海邊，可是船已沒有。不知什麼時候羅剎鬼會發覺而追過來，正在進退兩難之際，其中有一人說：

「在這種時候，只有依靠觀世音菩薩，別無辦法了。我懂得『馬頭觀音』的知言，我們一起來祈求祂吧！」

大家一齊全神貫注面向觀世音菩薩居住的普陀山的方向大聲誦念：

「唵　摩訶　迦盧尼迦　娑婆訶」

真言就像求救信號「ＳＯＳ」。

不久，從遙遠天邊的海上，出現了如雲般的白馬乘風破浪而來。轉瞬間停在岸邊讓大家坐上去。然後，回頭再入大海，與它在地面行進一樣的快速游出去。

馬頭觀音，確實是觀看到自行發出求救信號的男子的聲音。

若復有人臨當被害稱觀世音菩薩名者彼所執刀杖尋段段壞而得解脫

假如有人面臨行將被殺害之際，能一心一意誦念觀世音菩薩。想殺害他的人所拿的刀、棒，都會折斷成好幾段，因而得能解脫刀杖的災難。

一九九〇年八月，一直生活在和平的天地裏的科威特，突然受到伊拉克的沙丹・胡笙總統所指揮的軍隊入侵。

在阿拉伯各國中，科威特是個擁有很多油井，財富甚豐，但軍隊弱小的一個小國。是以武力自誇的伊拉克最想欺侮的一個國家。

自古以來，侵入他國的軍隊行為大致一樣，總是對被侵略國家施予破壞、搶奪、強姦、拷問，一切想像得出來的暴行。

當面臨這種光景，如果能有一個人誠心誠意地相信觀世音菩薩，而這個人能一心一意地誦念觀世音菩薩的法號的話，會有什麼樣的結果呢？

正在施行暴行的士兵，手腕無法彎曲，扣上扳機卻無法讓子彈打出去。

像這樣的事，實際上曾經發生過。在第二次世界大戰前後，大本教聖師出口王仁三郎在內蒙古被馬賊抓去要把他槍殺。

當五個馬賊架好槍準備開槍射殺時，王仁三郎專心無二地誦念觀世音菩薩的法號。他誦念之聲音與五發子彈同時發出，一發也未射中。全部都遠離了目標。百思不解的賊首領下令再次開槍。

五個馬賊都一一瞄準目標射出，可是這次還是五發子彈輕輕擦過王仁三郎的身體而已。

賊首領心想：王仁三郎應是佛的化身，於是為他鬆綁並表敬意。

不僅是科威特，在日本各地都會發生欺凌之事。特別是校內的欺侮案件，最近正是方興未艾。

日蓮上人有一次在鎌倉的龍之口地方行將就斬。上人乃誦念日常信仰的觀世音菩薩的法名。

居然，轉瞬之間，雷雨交加，要來斬首的人，手上所持的刀竟一段段地斷裂掉下來。

若三千大千國土滿中夜叉羅剎欲來惱人聞其稱觀世音菩薩名者是諸惡鬼尚不能以惡眼視之況復加害

如果在三千大千世界裡，充滿夜叉或羅剎等惡鬼，想來擾惱加害於人。只要一聽到有人誦念觀世音菩薩的名號，這些惡鬼連用惡眼來看人都不敢，那還能加害於人呢？

羅剎與夜叉都是鬼的好伙伴，夜叉與羅剎都能在空中自由自在地飛翔。都會吃人，但人的肉眼看不到。

羅剎很討厭神明。羅剎常常會讓睡在墓裡的死人站起來，用來嚇人。夜叉則不興這番兒童惡作劇。

無論是夜叉或羅剎，在宇宙中到處充滿著。包含三千大千世界的所有世界：銀河系的世界、太陽系的世界、地球上的世界、住在這裡的人類世界、人的慾望世界、脫離慾望的世界等，都有夜叉與羅剎的存在。

夜叉們無論是住在那一個世界，總是帶給人很大的苦惱。尤其是，夜叉乃透明之身，又有毒蛇的特質，它會吞食人的身體，又會使被它吞食的人變成鬼怪。

在幾年前，一個天氣明朗的日子，有一個年輕人名叫清雄，他開車外出。在十字路口遇到紅燈，他停了下來，無意間就在車旁看見一部黑色的豪華賓士轎車。

一向對汽車有偏愛的清雄，不禁好奇地想知道：

「哇噻！好呀，到底是那一號人物坐在裡面？」

於是，透過窗戶向車內看去。賓士車的司機座位的車窗有遮陽紙處理，無法看清內部。為了想看得更清楚些，皺緊眉頭正想再看一下，這時，賓士車窗徐徐打開，出現一個光頭凶煞的臉孔，鼻上架著一副淡淡的太陽眼鏡，從鏡片裡射出一對細如蛇目的凶煞冷酷殘忍的眼光，就如飛刀刺射過來一般地迸出一句叫罵聲來：

「喂！不怕眼睛凸出來啦。」

清雄嚇了一跳，馬上低頭致歉：

「對不起！對不起！」

此刻剛好路口燈號轉為綠燈，清雄於是開車向前走。然而，那部賓士轎車卻加速從後追來，超越了清雄的車，從左邊把方向盤操過來阻擋了清雄的車頭，叫他停下來。

「下車！」

從賓士車內走出來的戴太陽眼鏡的男士，對於打開車窗頻頻點頭致歉的清雄毫不領情。

冷不防那個男士從他未脫下皮手套的手中，丟來一支老虎鉗飛進清雄車內。

坐在駕駛座上的清雄，毫無閃避的空間，眼鏡被打得支離破碎，鼻血直噴出來。

「你給我小心！」

那個男士丟下這句話，便自行坐下那部豪華的賓士轎車開走了。

真是碰到鬼，那就是夜叉！夜叉把賓士車內原來的男士吞食掉了。於是，清雄一定是受到夜叉那雙惡眼所迷惑了。

如果，當時的清雄心裡能想到：「曾經讀過的觀音經裡有『惡眼視之況復加害』這段經過，豈不是故事的重演嗎？」而能一心一意誦念觀世音菩薩的真言，就不會受戴太陽眼鏡那個夜叉的目光交錯……。當然，也就不會受到飛來老虎鉗的橫禍了。

設復有人若有罪若無罪杻械枷鎖檢繫其身稱觀世音菩薩名者皆悉斷壞即得解脫

假設還有一種人，不管他是罪有應得，或是無罪被誣陷。當他被人用杻械鎖等綁住其身，使他不能自由活動。如果他能誦念觀世音菩薩名號，這些刑具都會斷裂破壞，使他得到解脫。

如果有人以為：只要我不做壞事，我就不會有牢獄之災。這種想法未免太天真了。

在現實的社會裡，倒霉的時候，很可能被捲入殺人事件而被捕入獄。經過三十年的監禁，經再審結果，終獲判無罪的人並非絕無僅有。

另外，有人為了做生意到菲律賓出差，不幸被游擊隊攻擊，幾十天都不見天日，手銬腳鐐受盡折磨的倒霉人也是常見的。

在古代，杻是用木材做的手銬，械是用木材做的腳鐐、枷是木頭做的頸枷、鎖是防止囚犯逃亡而鍊在腳上的鎖鏈。

囚犯的囚字，便是在人的四周加以圍困起來。本來自由自在的人，雖然並未犯罪，卻受到家畜般的囚禁，被人加諸杻械枷鎖，真是情何以堪。如果，不幸遭遇這種噩運如何才好？要是，果真罪有應得而被捕入獄，自當認命為自己所犯罪行一一懺悔，老老實實地服刑。

可是，遭受無妄之災而受囚禁之罪的人的心情，必然忍受不了遺恨、萬念俱灰的打擊。呼天不應、叫地不答，束手無策。

「為什麼我會這麼倒霉，會遭受到如此不幸的噩運呀！」

遇到這種霉運，只有依靠觀世音菩薩的神通力一途。只要一心一意誦念觀世音菩薩真言，期待出現不可思議的奇蹟，終有一天，杻械會斷裂，頭上枷架的木板會切開，緊緊鎖住腳的鎖鏈會打開，還其自由之身。這些絕非夢想之事。

但是，到此說的都是：如果你不幸遭此橫禍，如果您對觀世音菩薩深信不疑的話。要是，你並未信奉觀世音菩薩，甚至，你不曾聽過觀世音菩薩的真言。那麼，你當然是不會誦念它囉！

這就是你至今尚未結緣。現在，有機會讓你獲知觀世音菩薩種種神通力的奇蹟，很可能是你人生中，再無第二次良機。請好好把握此一良機，把觀世音菩薩的真言刻骨銘心地牢記在心。

若三千大千國土滿中怨賊有一商主將諸商人齋持重寶經過險路其中一人作是唱言諸善男子勿得恐怖汝等應當一心稱觀世音菩薩名號是菩薩能以無畏施於眾生汝等若稱名者於此怨賊當得解脫眾商人聞俱發聲言南無觀世音菩薩稱其名故即得解脫無盡意觀世音菩薩摩訶薩威神之力巍巍如是

如在三千大千世界裡，到處都是怨賊。有一商人領隊帶領很多商人運送金銀財寶，途經盜賊出沒的危險路段。正當大家恐怖猶豫不前之時，隊裡有一人對大家說：「諸位善男子，大家不要害怕，你們應當一心一意誦念觀世音菩薩的名號，因為他能以其無畏的神通力來布施給我們眾生，如果大家能誦念觀世音菩薩的名號，就能從這些盜賊之災解脫出來。」

諸多商人聽到如此一說，全體齊聲誦念觀世音菩薩的名號。

由於大家誦念觀世音菩薩的名號，立即獲得了災難的解脫。

無盡意呀！這位觀世音菩薩摩訶薩的威大神力，乃是巍巍顯赫如上所說的啊！

在三千大千世界之中，確實到處充滿怨賊。時常在新聞報導中出現運鈔車被襲擊，數千萬元被搶走的消息，便是最確切的實證。

再者，強盜侵入寶石店、生意好的超市、電動遊樂場等，搶奪寶石或巨額現金的事件，也是屢有所聞。

因此，擁有巨富的大公司人員，在用車或船裝運大量金、銀、寶石或數以千萬的現鈔，途經人煙稀少的山路或沙漠、或海上之時，都格外地細心。

恐懼與害怕所引發的恐懼感，或是小心翼翼的不安全感，不僅是成人，連嬰兒也都會有的，這是人類的本能。

尤其在我們眼睛看不到的東西更有一份莫名的害怕。看不見的對方，不知他要用什麼來襲擊我們，什麼時候會來襲擊我們，令人不勝恐懼。此又名「畏懼」。

一九八五年夏天，有五二四名乘客的日本航空班機，墜落到御巢鷹山。在飛機上的乘客，從知道飛機出事無法挽回，直到墜地為止，那段時間的令人不勝恐懼是超出我們所能想像的不知多少倍。

以往曾聽說過，有人因為過度的恐怖，而在一夜之間頭髮斑白，在那次空難中，據說有乘客在一瞬之間黑髮變成白髮。

如果，在那架飛機出現危機之時，只要有一個人也罷，想到誦念觀世音菩薩的真言與名號，而聽到他的聲音的其他乘客也能齊聲誦念：

「南無觀世音菩薩！唵　摩訶　迦盧尼迦　娑婆訶」

遠觀此音的觀世音菩薩的不可思議的神通力，將會使飛機順利地飛越御巢鷹山的山頂，保持其飛行姿勢滑入東京灣的海面而漂浮在大家的眼前。

很可惜的是，機上無人與觀世音菩薩有緣，因此，奇蹟沒能出現。我之所以會提出這件事，因為在這個事件之後的兩三年，出現了一次奇蹟。

那是在夏威夷上空發生的事。在夏威夷的民用航空機上，受到國際恐怖組織安放了定時炸彈。當時，飛機在六千公尺高的上空飛行中，炸彈在機內引爆，飛機的天花板被炸開一個大洞。

由於很大的氣壓變化的關係，一位空中小姐被吸到天空中而去向不明。機內被強風襲捲一片零亂與呼嚎。駕駛艙內的機長緊緊抱住操縱桿死不放手。

那時，坐在客艙角落的一位婦女，自行繫上安全帶，把頭額頂在膝上，口中喃喃自語開始誦念真言。

這位女士由內心深信神明，確信神明必定會來救助。

飛機搖搖晃晃地不斷向下降低飛行高度。好不容易地蹣跚掙扎到機場。所有的人，對於爆開機艙，在天花板開了一個大洞的飛機，居然能夠平安降落機場，都感到不可思議而驚嘆不已。機長對來訪問的記者的一再稱讚只回答了一句話：

「這是神明替我們駕駛操縱桿的！」

這位神明便是觀世音菩薩的化身。由內心信靠神明，一心一意誦念佛號的婦女，她心中毫無恐怖不安。

從這一事件，可以印證觀世音菩薩的另一個名號：「施無畏者（以使人無畏懼做為施捨的人）」。

再說，本節開始便提到「怨賊」這個名稱。為何把賊冠上加的稱呼呢？當人氣絕身亡之時，如果有怨氣未消而死，死後便會做鬼。如果是對別人所擁有的財寶、美女或愛情懷有嫉妒或憎惡的怨氣，怨恨未消而死的人，就會變夜叉或羅剎等惡鬼。

淪為怨賊，在世上作惡多端，打劫運送金銀財寶的人，死後必當落入鬼籍。人在臨終之時，那些造孽積怨的金、銀、寶石，或是平日交往不好的人，要設法不讓他們進入病人的房間。

萬一，有人怨氣未消、遺恨而死，就要有特別的供養才可以。不但要為了祈求自己的無畏的心靈，更要為懷有怨賊的人之心，一心一意誦念觀世音菩薩的真言：

「唵　摩訶　迦盧尼迦　娑婆訶」

「無盡意君！你覺得如何？觀世音菩薩的神通果真廣大無比吧！」

世尊解說到此，我們不該只顧聽講，大家應該對世尊所提出的種種事例故事牢記在心，萬一不幸遭遇到此類七難，不要猶豫，要一心一意誦念「南無觀世音菩薩」的名號。

三毒

若有眾生多於淫欲常念恭敬觀世音菩薩便得離欲

如果有人淫慾過多，只要能夠時常以恭敬虔誠之心恭奉觀世音菩薩，便能脫離淫慾之毒。

俗言常道：「萬惡以淫慾為首（一切爭端，多起自淫與慾）。」人們常因淫慾而時常遭受四苦八苦。

四苦八苦當中，所謂五蘊盛苦，那是指，性慾無法發洩之苦，是很特別的一件事。

有位僧人在年輕時，於山上修行期間，女性的幻影造成他很大的苦惱。以眼前映入的景色來說，應該只有繁茂蒼翠的杉木之綠、皚皚冬雪之白，以及墨黑袈裟之黑而已。可是，偶然會捲入幻覺到眼前盡是黑白相間的巨大野狗。

當僧人看到每隔幾個月會來寺裡參拜的年輕女性時，那個晚上便會連連作夢看見前述幻覺而苦惱不已。

縱然是釋迦世尊，在他苦修六年最後經過淋水沖洗之浴以後，對那位以奶水煮稀飯來供養他的村婦史珈妲，或許也會有些迷迷糊糊的思慕吧？

不論是我，或是釋迦世尊，既然是一個人，有性慾是理所當然的。不過，在修行當中如果性慾出現，必會影響修行，應該自我克制。

此處所說的「淫慾」，係指正常以外的性慾。淫與婬兩字相通，（辭源對「淫」字解釋為：男女以不禮之交謂之淫。）也可解釋為「淫邪」。這是人類心靈之一毒也。

何謂正常以外的性慾？何謂男女以不禮之交？它係指愛情不專的與悖離倫常的性慾而言。這種性慾會造成傷害，甚至引發災難。可是何時會發生，無法預知。

在人的體內有所謂「三尸蟲」的三條蟲。其中一條叫做愛情不專之蟲，或稱悖離倫常之蟲，它是白色的蟲，停留在人的腹部。

這種蟲性慾很強，碰到別人的太太，不論妻小是否在場，只要自己喜歡，便會對她發洩性慾。他不這麼做的話，「肚裡那條蟲就無法安靜下來」。

只要不是脫離常軌的夫婦之間的性慾，無論他們之間的性慾如何的強烈，對別人都不會有所迷惑困擾。不過，如果腹中的愛情不專的蟲突然作起怪來時，該怎麼辦呢？唯有：

「時常以恭敬虔誠之心恭奉觀世音菩薩」。

時常以恭敬虔誠之心恭奉觀世音菩薩的話，當心生淫慾之意，只要一心一意誦念觀世音菩薩真言，就會使腹中的蟲漸漸安靜下來。

若多瞋恚常念恭敬觀世音菩薩便得離瞋

如果為了太多的憤恨盛怒而苦惱之時，只要能夠時常以恭敬虔誠之心恭奉觀世音菩薩，便能脫離瞋恚之毒。

「唵哞呢、哆喋嚕哪、嘻嘻嗦哇咖。」

當您盛怒到極點，怒髮衝冠、怒氣衝天的時候，請您把這句真言誦念二十一遍，不須太久的時間，便能怒氣全消。

憤怒即是「瞋恚」。瞋：怒目切齒、眼內出火，氣到極點之謂；恚：恨也，憤怒怨恨之謂，因嫉妒之心燃起憎惡之恨、於是變成「恚憤」。

有位和尚便一再提醒剛加入修行的和尚說：

「做和尚絕對不可以發怒！和尚只有一生氣『波羅夷罪』，便失去做和尚的資格！」

在表現盛怒的用語上，常使用「火」字。當人們怒火中燒之時，我們便自然地對他說：「請息怒（請你把怒火熄滅）！」換句話說：當時，那個人的滿腦子正在燃燒！

把火柴棒接近熱燙的鐵板，一瞬之間就會著火。同樣地，位高權重的人常是目空一切，因此，很容易被激怒而怒火中燒。

對位高權重的人，燃燒的燃料是什麼呢？

其實，那就是慾望。人類的無窮慾望。換言之，就是貪心。這是一種心毒。人一有貪的念頭，便會對必要以上的事物強索強求。

當其慾望未能達成，便氣得「瞋恚」不止。這是第二種心毒。

當您盛怒之際，不妨用一下前面的真言，它是很有效的。如果能與很靈驗的觀世音菩薩真言一起專心一意地誦念，頭腦會冷靜下來，心也會安靜下來，一定可以脫離瞋恚之毒。

若多愚痴常念恭敬觀世音菩薩便得離痴無盡意觀世音菩薩有如是等大威神力多所饒益是故眾生常應心念

如果有人因愚癡太深而苦惱不已，只要能夠時常以恭敬虔誠之心恭奉觀世音菩薩，便能脫離愚癡之毒。

無盡意君！觀世音菩薩有如此廣大無比的威神力量，賜給大家諸多的益處。因此，眾生應當常常一心一意地誦念他的名號。

所謂「過去」，係指已經溜走那段時間的事物。雖然每個人對過去之事能歷歷在目，可是誰都無法挽回過去發生過的事物。有人總是為過去之事物一再嘆息！「如果當時我……」、「要是我如何……」、「我曾經想要……，可是……」諸此種種，可謂「愚癡」，這是第三種心毒。「愚」字的原意是：在猴群中腦筋最差的猴子的心。（註：禺，獸名也，又名果然，是長尾猴，亦作猓然，產於非洲與印度等地。性機敏，喜群居。群中必有一領袖，其他皆受其指揮。）愚者，或可稱為糊塗蟲。

「癡」者，又寫成「痴」。「痴」者「知識生病」；而生病的知識一直停頓在：「如果當時我……」、「要是我如何……」等無意義的自怨自艾當中。「癡」，有心病對人存疑。所謂「疑心生暗鬼」。疑心太重的人，在內心深處會看到惡鬼。

曾有一個人，可謂愚癡之至。

日常見人便對人說：

「我能算出死去的兒子的年齡。」接著又不停地訴說：

「我這個孩子是在學校被人欺凌而死。在他身旁都是一群壞朋友。老師不像老師！明明知道我的孩子被人欺凌也不管。哦，不！不！其實是學校教育方針不好。……居然會發生這種事，那種學校不去讀也罷！」

愚癡終將轉變成恨。憎惡生恨……。此乃所謂三毒。

三毒，即「貪、瞋、癡」。貪，不僅僅指性慾而已，食慾、睡眠慾、財慾、名譽慾、合為五慾，對世上一切慾望只追求「個人一己之滿足」的心理便是第一種心毒。

人類有諸多煩惱，如不能自我解愁，消除煩惱，反而集煩惱於一身。結果，便會落入所謂三毒之害。當受到三毒中任何一毒侵入身旁時，請澄清心情，一心不亂地誦念觀世音菩薩的真言。

觀世音菩薩有廣大無邊的神通力，對人們一心不亂誦念其真言，觀世音菩薩會用化解貪慾之毒、化解瞋恚之毒，和化解愚癡之毒做為回答。

使人獲益良多——饒益的饒字的意思就是「豐盛，很多」；益字的意思則是「利益」。——這是人們可以深信不疑，絕對錯不了的事。

二願

若有女人設欲求男禮拜供養觀世音菩薩便生福德智慧之男設欲求女便生端正有相之女宿植德本眾人愛敬無盡意觀世音菩薩有如是力

如果有女人，她想要生個男孩的話，禮拜恭養觀世音菩薩，就會生下福德智慧兼備的男孩；假如她想生女孩（只要同樣地禮拜恭養觀世音菩薩），就會生下容貌端正、相貌很好的女孩。她生下來的嬰兒，由於都是在宿世已種下了有德之本性（種子）的緣故，必會受到眾人的敬愛。

無盡意君！觀世音菩薩就是有如上所說的廣大神通之力！

「娶妻唯才，容貌清秀又多情。」

今日，人們娶妻，總希望一要有才能，二要有世界小姐般之貌，而且，又要是一個溫柔多情的女子。

在男人來說，有智慧，不一定就會具備福與德。

在這個世上，有一種人不管做什麼事都是很稱心得意，默默地，錢就會自然而然地湧進來，可謂是運氣太好的人。人們都稱他為「有福的人」。

又有一種人認為「只要我有醫生、律師、銀行家這種親戚，我就可以安心過日子了。」這與「宿植德本」的人比起來，那就差得太多了。

宿植德本的意思是「從『宿（早期）』以來，便種植下德之本（種子）」的人。一生下來就是人見人愛，受人尊敬。世上有這種好事嗎？

既然為人父母，想要擁有這麼命好的子女，此乃人之常情。然而，人的力量有限，生男育女是無法自行決定的。以現代醫學水準而言，當分娩期將到之前可以查明胎兒的性別；可是在受精的階段，卻無法鑑別其性別。

在前述第十九品的「法師功德品」之中，如同世尊所說，勤修法華經的人，可以後孕婦的體味辨明胎兒是男？是女？可知：法華經是對已存在者的性別可以辨別而已，絕對不曾寫到：祂可助人決定要生男或是要生女。

不過，只有觀音經斷言：

「如果希望獲得：福德與智慧兼備的男孩子或是宿植德本的女孩子，只要供養觀世音菩薩，誠心禮拜，一定可以達成願望。」

因此，世尊對無盡意菩薩說：

「觀世音菩薩就是有如上所說的廣大神通之力。」

讀者們，想要有孩子的人，趕快下定決心，專心一意祈願吧！

若有眾生恭敬禮拜觀世音菩薩福不唐捐是故
眾生皆應受持觀世音菩薩名號無盡意若有人
受持六十二億恆河沙菩薩名字復盡形供養飲
食衣服臥具醫藥於汝意云何是善男子善女人
功德多不

假使有人恭敬禮拜觀世音菩薩的話，則其必得其福而不會徒勞無功。因此，眾生應當以觀世音菩薩為唯一信仰而常誦念其名號。

無盡意君！設若有人受持諸多如六十二億恆河沙數的菩薩名號，又能盡其有生（形）之年與畢生之力，以飲食、衣服、臥具、醫藥等去供養這麼多的菩薩。你以為：這樣的善男子或善女人的功德是不是很多？

世尊說：

「無論任何人，只要他禮拜觀世音並持續不斷地供養他，必能得福而不致於徒勞無功。」

唐，便是空；捐，捨也。「福不唐捐」便是福不會捨掉而成空。換言之，「福必可獲得」之謂也。

「所以，要時常打從內心誦念觀世音菩薩的真言。」

世尊以此告誡之後，對無盡意菩薩提出質問：

「無盡意君！恆河沙數有多少，實在無以計其數。而以其六十二億倍之多的菩薩真言來誦念。是不是要去僅僅對一個菩薩，以善男子善女人之施主有生之年來供養食物、衣服、寢具、醫藥品等，這樣的施主是否功德更大？」

所謂供養，對離開這個世界而到另一個世界去住的人們供養食物，其實，只是「氣」而已。我們的祖先，都是已經到另一世界去的人了，他們為了成為菩薩而正在修行。對另一個世界的人們的供養，有所謂「六種供養」，亦即以六種「氣」供養。

其一、清淨之水的精氣；其二、新鮮之花的生氣；其三、白飯或茶水的湯氣（又稱茶湯）；其四、柱香的香氣；其五、抹香料於手掌的淨氣；其六、蠟燭的光氣。

平常能以此六種供養供奉於佛壇之上，到另一世界的祖先們必定不會掉入餓鬼的境地。

記得，對世尊提出有關供養之事的疑問是達摩大師。

達摩大師是印度人，當大師初到中國時，梁武帝聽到：「從印度來了一位高僧。」的消息，立即招請大師進入宮廷。

據說，達摩大師曾為修行而「面壁九年」，由於面向岩壁九年之間，打坐禪修，手腳都已腐爛，所以變成了「不倒翁」似地，即達摩大師之法號。

雖然他很不喜歡太舖張的場面，可是對方是個當權者，不由得不接受。不喜歡就要被放逐，只好勉勉強強地應付這種招待的場面。

由於梁武帝對佛教極為崇尚，看到他十分高興。因為梁武帝自信對佛教的支應與捐獻頗有貢獻，因而向達摩大師問道：

「朕於今已建造諸多寺廟、寶塔，且經常供養成千上萬的僧侶，其功德有多大呢？」

達摩大師默默未作答，武帝再催問道：

「想必功德很大吧！」

「無功德！」

達摩大師答說：什麼功德也沒有！隨即離席走出宮廷，到深山裡隱居不出。

無盡意言甚多世尊佛言若復有人受持觀世音菩薩名號乃至一時禮拜供養是二人福正等無異於百千萬億劫不可窮盡無盡意受持觀世音菩薩名號得如是無量無邊福德之利

無盡意說：「這種做法應該是積了很多功德！世尊。（我說得對吧？）」

世尊接著說：「假如又有人能夠受持誦念觀世音菩薩的名號，甚至只是短暫的一時去禮拜供養觀世音菩薩。這兩人的福份與功德是相等的，無差異的，就算是在歷經百千萬億劫，也不受耗盡他的功德。

無盡意君！受持誦念觀世音菩薩的名號，能得到如此無量無邊的功德之利益喲！」

無盡意菩薩的回答與達摩大師不一樣：

「當然是應該有很大的功德。」

可是，世尊卻把語題轉了一百八十度說：

「其實不然，無論是誰，只要他真心虔誠，在內心誦念觀世音菩薩的真言，就算是很短暫的瞬時之間的唯一一次，還是與終其一生供養觀世音菩薩的施主，受到相同的福份與功德。而且，這種福份與功德是不會流失用罄的。無盡意君！只要打從內心真心虔誠在內心誦念觀世音菩薩的真言，就能得到如此無可限量的福份與功德呢！」

世尊之言，使人連想到一句成語：

「富者萬燈猶如貧婦一燈」。

在日本高野山，每年春秋各舉行一次「萬燈萬花會」。這種祭典起源自天長九年（公元八三二年）九月二十四日，弘法大師（空海）的壯大發願：

「虛空已盡，眾生已盡，乃至涅槃了盡，吾願淨盡！」

明燈是以菜仔油透過燈芯點燃而放出光亮。無數的明燈搖幌閃爍的樣子，真有夢幻世界的模樣。

在地方上最富有的巨豪，以其財力之雄厚，一個人要供養萬盞明燈並非一件難事。可是，對於雖有「自己也想為雙親的菩提弔念」的念頭，卻無錢買菜仔油的貧婦，實在很難實現她的願望。

為此，貧婦剪斷其秀麗黑髮，出售所得之款用以購油，好不容易才湊足一盞燈寄付到法會來。在暴風雨之夜，其他多數的明燈都被吹熄，唯獨貧婦供獻的明燈，很不可思議地在黑夜中搖幌閃爍著。

這一盞明燈，在千年之後的今日，尚在後殿之前，熊熊之火燃燒著。

世尊說：

「富者以其行有餘力的錢財來供養，與真心虔誠貢獻的一盞燈，都得到相同的功德。」

或許有人會認為：

「果真如此，什麼也不必去做，只要拜一下就可以了吧？」

這樣的人，算是吝嗇鬼！

凡是基於自己目前的地位或收入，物質與誠心兩方面都真心虔誠地供食，重點在其心是否真誠。能真心投入去供養觀世音菩薩，去禮拜觀世音菩薩，必然會獲得永遠的福份與功德。

第二章　普門示現

十九種說法

無盡意菩薩白佛言世尊觀世音菩薩云何遊此娑婆世界云何而為眾生說法方便之力其事云何

無盡意菩薩對世尊詢問：

「世尊！觀世音菩薩是以什麼方式遊化這個娑婆世界？而且，祂是用什麼方式為眾生說法？他為眾生說法的方便之力到底是怎麼一回事呢？」

「白佛言」是表示對佛陀、佛祖很敬謹的請教用語。「白」字有：清白、明白、坦白等意義，亦有述事陳義之意，如「告白」。在佛經之中，用以表示尊敬嚴謹地向佛請教。

無盡意菩薩向世尊請問：

「世尊！觀世音菩薩是為什麼要到充滿欺詐、虛偽，如同陰謀漩渦的泥沼之娑婆世界來雲遊勸化呢？娑婆世界是塊『需要忍受苦難的土地』，實在可以說是個充滿四苦八苦的世界。

到這種地方來遊歷！過去，人們到海外留學又稱為遊學。難道祂也是為求學而來的嗎？不是的！祂不是為求學而來的。那麼，如果觀世音菩薩並非為了求學而來，又是為了什麼呢？

難道是，就像：不會游泳的人掉到水中，拼死拼活地受盡極端痛苦；可是會游泳的人，自己跳入水中，反而能游來游去自得其樂。是這麼一回事嗎？

儘管如此，祂還是想盡各種辦法來向云云眾生解說深奧的宇宙間的道理吧？

『說假話也是為了方便』，可以這麼說嗎？難道，觀世音菩薩就可以胡說八道或說謊來欺騙眾生嗎？

所謂『方便』，是『方正利便』的簡略說法。方正者，向正確的方向也。方正利便亦即：向正確方向行去的便利方法。是不是：不論是如何做，都是為了做人獲得啟示吧？」

佛告無盡意菩薩善男子若有國土眾生應以佛身得度者觀世音菩薩即現佛身而為說法應以辟支佛身得度者即現辟支佛身而為說法應以聲聞身得度者即現聲聞而為說法

世尊對無盡意菩薩說：

「善男子！如果在這個國土（指娑婆世界）裡面的眾生，需要以佛的身形才能得到度化的話，觀世音菩薩會立即現出佛身而為其講經說法。

如果有人需要以辟支佛之身形才能得到度化的話，祂便立即現出辟支佛之身形來為他講經說法。

如果有人需要以聲聞身才能得到度化的話，觀世音菩薩立即現出聲聞的身形為他講經說法。

世尊對無盡意菩薩做了如下的解說：

「你說得好，在此娑婆世界之中，有各色各樣的眾生。為了使在場身懷佛禮的人，能達到更高的澈悟境地，觀世音菩薩化身成與對方相同的佛的姿態，然後對他解說宇宙的道理。

想要說服對方，如能與對方的眼線一般高（立場一致）的話，對方會接受。因此，讓對方覺得很和藹可親的姿態最為適宜。

故，觀世音菩薩是用跟對方相同的佛的身形來講解宇宙的道理給對方聽。

所謂佛的身形，可歸納為三種：

其一，為『**法身**』。『宇宙的生命』實即『佛的生命』。祂不是以普通的形態出現。在密教中，名為『大日如來』的佛陀是象徵著『宇宙的生命』。

其二，為『**報身**』。『宇宙的運行』實即『佛的盛德』的顯現。借用現代科學的用語來說：宇宙間的能源之本體如果視為『法身』，那麼，熱能或動能的能力所產生的能的變換，可稱為『報身』。

阿彌陀如來、藥師如來、觀世音菩薩、或是地藏菩薩等，都可以稱為報身之佛。

其三，為『**應身**』。這是指歷史上實際記載的人物，史上確有其人。以人類出生於世，經不斷學習與修行，獲得開悟，終於成佛者稱為應身。

——像釋迦牟尼佛、耶穌、孔子、蘇格拉底、弘法大師等人物，都可稱『應身』。

觀世音菩薩曾以『應身』佛的姿態出現，為眾生講解無上菩提之法。

『得度』的度字與渡字同義，得度即『得以渡過去』之謂。從迷惑世界的此岸渡過開悟世界的彼岸。換言之，即是獲得開悟。

其次，為使辟支佛體者得度，觀世音菩薩便以辟支佛的姿態出現，為眾生說法。

祂說的法便是『緣覺之法』的『十二因緣』（請參閱四一頁）之宇宙定律。

對聲聞體者，便以聲聞體的姿態出現，為已知十二因緣之法的辟支佛者、聽過四諦故事而已開悟者、或已知五百羅漢的阿羅漢等人講解『四諦之法』。阿羅漢的開悟，實際上尚屬極微小的開悟。它不過是只能給自我滿足的個人開悟而已。為引導他們得能更大的開悟，觀世音菩薩就變成與他們相同的姿態出現。

應以梵王身得度者即現梵王身而為說法應以帝釋身得度者即現帝釋身而為說法

如果有人，應該要以梵王之身才能得到度化的話，觀世音菩薩就會顯現梵王之身，而為他說法；如果需要以帝釋身才能得到度化的話，觀世音菩薩則顯現帝釋身而為他說法。

接下來，觀世音菩薩為了使在天界當初禪天主（請參閱一八、一九頁的靈界地圖）的梵王能遠離一切慾望而維持清淨之心，祂就顯現梵王之身為他說法。

梵王就是當年我（世尊自稱）在菩提樹下開悟，自我滿足於成辟支佛之時，再三催促我：「請世尊為眾生講說開悟的內容。」那個人。

接著，觀世音菩薩為了講解「十善之法」，祂以天界中的慾界的忉利天主帝釋天的姿態顯現出來。

當年，我（世尊自稱）誓言：「非至成道（開悟），絕不離開此地！」而在菩提樹下打坐修行。那時候，帝釋天以草編蓆，鋪在我的座位上。對我請求：「有朝一日，當你成道之時，請先救救我吧！」

為了報答帝釋天，乃以帝釋天之身顯現為他說了十善之法：

一、不殺生。

二、不偷盜。

三、不邪淫。

以上為行為之戒律。

四、不妄語（不說謊）。

五、不綺語（不花言巧語以討好他人，而致誤人誤己）。

六、不惡口（不道人之短，不以惡言惡語對待別人）。

七、不兩舌（不能挑撥是非）。

以上為言語之戒。

八、不慳貪（不吝嗇、亦不起貪心）。

九、不瞋恚（不發怒）。

十、不邪見（又作：不愚痴。不令錯誤的想法滋長，以平心靜氣審察一切事物，做成理智的行動）。

應以自在天身得度者即現自在天身而為說法應以大自在天身得度者即現大自在天身而為說法應以天大將軍身得度者即現天大將軍身

而為說法應以毘沙門身得度者即現毘沙門身而為說法

如果有人，應該要以自在天之身才能得到度化的話，觀世音菩薩就會顯現自在天之身，而為他說法；

如果有人，應該要以大自在天之身才能得到度化的話，觀世音菩薩就會顯現大自在天之身，而為他說法；

如果有人，應該要以天大將軍之身才能得到度化的話，觀世音菩薩就會顯現天大將軍之身，而為他說法；

如果有人，應該要以毘沙門之身才能得到度化的話，觀世音菩薩就會顯現毘沙門之身，而為他說法。

接著，為了講解：可以自由自在進出冥想三昧境地的「三昧自在之法」，觀世音菩薩顯現了自在天（全名應為他化自在天）的姿態。自在天是住在慾界最上層的魔王。

早年，我（世尊自稱）在菩提樹下打坐修練時，曾有三個美女，以及提出所有財寶來誘惑我。而今，她們聚集了天界中的惡靈得以成道而為邪魔。

當時，在我的道心裡認為是對我的考驗，因此心懷感激。如今，自在天用「以毒攻毒」的方法，引導天界中諸惡靈進入佛的世界。

接下來，觀世音菩薩用自在天相同的方法，為了講解「三昧自在之法」，顯現出住在色界的色究竟天（請參閱一八、一九頁的靈界地圖）的大自在天之姿態。

大自在天有三隻眼睛、八隻手，騎白牛，持白拂塵，一幅威嚴狀。現今印度仍恭奉祂為世界創造之本體，是萬物造化之王。

接著，觀世音菩薩為講解「緊急警護眾生之法」，祂顯現天大將軍的姿態。這位將軍是帝釋天的警察局長，一年又一年，整年巡迴世間，賞罰分明，守護著佛法。

自從觀世音菩薩說法以來，供奉觀世音菩薩為本尊的寺廟仁王門的左右便矗立著天大將軍，由祂來守護觀世音菩薩。左右兩位仁王尊者，左為那羅延堅固力士；右為密跡金剛力士。

其次，觀世音菩薩為講解「治世護國之法」，顯現出毘沙門的姿態。毘沙門又稱毘沙門天，也稱為多聞天。是位日夜不休，致力於為眾人造福積德的神。亦即，持國天、增長天、廣目天、多聞天、四大天王中的一位。

應以小王身得度者即現小王身而為說法應以長者身得度者即現長者身而為說法應以居士身得度者即現居士身而為說法應以宰官身得度者即現宰官身而為說法

如有人應以小王的身份才能得到度化，就顯現小王之身而為他說法；
如有人應以長者的身份才能得到度化，就顯現長者之身而為他說法；
如有人應以居士的身份才能得到度化，就顯現居士之身而為他說法；

如有人願以宰官的身份才能得到度化，就顯現宰官之身而為他說法。

以上，觀世音菩薩所顯現的都是天界的姿態，接下來，是顯現人間世界的姿態。

觀世音菩薩接著為了解說「五常之法」，顯現出人間世界中的諸王：天皇、各國總統、各國國王、教皇等姿態。

五常之法乃是人們必須恆常遵守的「仁（守持仁慈之心）、義（守持事物之義理）、禮（守持禮法禮儀）、智（守持對事物善惡是非判斷之智慧）、信（守持信實信用）」等五種規約。

接下來，觀世音菩薩為了講解「尊敬之法」，祂顯現出長者的姿態。所謂長者，只有家財萬貫是不夠的，應該是德高望重，對事物是非都能有正確的判斷，通常是社會上受敬重的人物。

其次，觀世音菩薩為了講解能恆常保持清靜之心，積德行善的「清淨修善之法」，祂顯現出居士的姿態。

居士者，不驥求官祿、不追求虛名、無財產之慾，以俗人之身，實踐佛道的人是也。

因此，以居士之名修持的人，想必在前世已積了若干善行。

接下來，觀世音菩薩為了講解「以文武兩道治世之法」，他顯現出宰官（奉法治民的各種官吏）的姿態。宰官係指上至大臣宰相、下至地方首長等各行政機關的首長們。宰者，司宰、職司、掌理等意思；官者，使自己的能力做出最大發揮的人。

——當今的官僚們行為不檢、精神散漫！因此，非要觀世音菩薩再化裝成各種官職，為各階行政官們講解正確的文官之道與武官之道。——

應以婆羅門身得度者即現婆羅門身而為說法
應以比丘比丘尼優婆塞優婆夷身得度者即現
比丘比丘尼優婆塞優婆夷身而為說法

應以長者居士宰官婆羅門婦女身得度者即現婦女身而為說法應以童男童女身得度者即現童男童女身而為說法

若有應以婆羅門的身份才能得到度化的人，觀世音菩薩便顯現婆羅門之身而為他說法；

若有應以比丘、比丘尼、或優婆塞、優婆夷的身份才能獲得度化的人，觀世音菩薩便顯現比丘、比丘尼、或優婆塞、優婆夷之身而為他說法；

若有應以長者、居士、宰官、婆羅門等的婦女的身份才能獲得度化者，觀世音菩薩便顯現這些婦女之身而為她說法；

若有應以童男或童女的身份才能獲得度化者，觀世音菩薩便顯現童男或童女之身而去為他說法；

其次，觀世音菩薩為了打碎「外碎之法」，顯現出婆羅門的姿態。婆羅門教——至今尚流傳於世——是在印度開始有佛教之前便已存在的宗教。從佛教的立場來看，婆羅門教是一種把人類區分成各種不同身份的外道（邪教）之教派。觀世音菩薩為了講解正確的教義，特別扮成婆羅門教的僧人，以其姿態出現。

接下來，觀世音菩薩為講解「在家應確實遵守的五戒、六戒、八戒等戒律」，便以四部眾的姿態出現。

四部眾係指：比丘（男性僧人）、比丘尼（女性僧人）、優婆塞（一般熱心於佛教的男性信者）、優婆夷（一般熱心於佛教的女性信者）等四種人。——由於觀世音菩薩實在太忙了，不得不一次顯現出四種人物。——

觀世音菩薩接著顯現出長者、居士、宰官、婆羅門等人的妻子之姿態。這是為了講解導正男人與正確的養育兒子的「婦人之道」。——無疑的，男女是平等的。女性在社會中活躍是一件很好的事。這個「好」字，就是女人抱著孩子，這是多麼美好的情景。再者，安心的「安」字，更說明了：家中如果只有男人是很煞風景的。「家中如有女人在」，男人的心便能安下來，便可以安心了。——

接著，觀世音菩薩以兒童的姿態顯現出來。童男與童女係指兒童或幼童，泛指十五歲以下的孩子們。

為什麼要以兒童的姿態顯現出來呢？由於人們並非都是信奉宇宙間的正道，也未過著正常的生活，而是過著墮落的生活。然而，每一個人都認為自己的子女很可愛。

因此，觀世音菩薩顯現出兒童的姿態。引導信心不足的父母進入佛道而說法。

應以天龍夜叉乾闥婆阿修羅迦樓羅緊那羅摩睺羅伽人非人等身得度者即皆現之而為說法

應以執金剛神得度者即現執金剛神而為說法

如有應以天、龍、夜叉、乾闥婆、阿修羅、迦樓羅、緊那羅、摩睺羅迦等；人非人等的身份才能得到度化者，觀世音菩薩都顯現出其身而為他說法。

如有應以執金剛神的身份有能得到度化者，觀世音菩薩就會顯現執金剛神之身而為他說法。

對人間世界的人之講經說法，到此告一段落。觀世音菩薩適應對方的情況，臨機應變顯現不同的姿態，都是為了說法之便。

接下來，觀世音菩薩對天龍八部眾這群有人模樣而實非人「稱為人非人」者顯現出其姿態。

天，係指住在天界的天人。龍是棲息於海底或水底或洞窟之內，發怒時，會呼雲駕空而降大雨。——不丹王國的國旗上畫有龍之圖形。——

夜叉是存在於毘沙門天的體內，是一種看不見形體而能在空中飛翔的妖怪。乾闥婆，平常是在虛空中飛翔，人類死後，在找到下一個棲宿之體軀之前的靈魂所形成的。乾闥婆以香為食，是侍奉帝釋天宮殿演奏音樂之神。

阿修羅，原來是持刀刃對付神的惡魔。後來，受佛法而覺醒，進而成為佛法的守護神。

迦樓羅，又名金翅鳥，是神話中食龍之怪鳥。雙翼展開有三百三十六里之巨大火鳥，有人稱為「大鵬」或「鳳凰」。

緊那羅，馬首人身之疑人，是職司音樂之神，手持鏡鈸與鼓演奏音樂。

摩睺羅伽，可是職司音樂之神。體形如人，而自頭部以上則為蛇（大蚺蛇或大蟒蛇）形。以其腹部波動擊打大鼓。

甚至如上所述的八部眾，觀世音菩薩也都為他們講經說法。

接著，觀世音菩薩為了使固執頑冥邪見之心的諸靈魂覺醒，顯現出執金剛神的姿態，講解「生善斷惡（斷諸惡行，生諸善行）之法」。

——在密教的仁王門，門之右側的執金剛神，張開著嘴站立著。這個執金剛神是「不動明王」的化身，張嘴站立的表情是表示祂對「生善的理想」。

門的左側，是閉著嘴站立的密跡力士。密跡力士是「愛染明王」的化身。閉嘴站立的表情是表示祂對「斷惡的理想」。

無盡意是觀世音菩薩成就如是功德以種種形遊諸國土度脫眾生是故汝等應當一心供養觀世音菩薩是觀世音菩薩摩訶薩於怖畏急難之中能施無畏是故此娑婆世界皆號之為施無畏者

無盡意君！這位觀世音菩薩就是成就了這樣的功德。他是以種種不同形像，到各個國土去遊歷度化眾生的。

因此之故，你們大家應該專心一意虔誠供養觀世音菩薩才是。

這位觀世音菩薩摩訶薩，能在人們處於恐怖急難之中，能以大無畏的精神布施給眾生、救助眾生。

因此，在這個娑婆世界的人們，都尊稱祂為「施無畏」。

無盡意君！以上所談總結地說：觀世音菩薩為了講解無上菩提之法，祂顯現出佛之身；為了講解緣覺之法，祂顯現出辟支佛之身；為了講解聲聞之法，祂顯現出聲聞之身；為了講解離慾清淨之法，祂顯現出梵天之身；為了講解十善之法，祂顯現出帝釋之身；為了講解三昧自在之法，祂顯現出自在天或大自在天之身；為了講解緊急警護之法，祂顯現出天大將軍之身；為了講解治世護國之法，祂顯現出毘沙門之身；為了講解五常之法，祂顯現出小王之身；為了講解尊敬之法，祂顯現出長者之身；為了講解清淨修善之法，祂顯現出居士之身；為了講解文武兩道治世之法，祂顯現出宰官之身；為了打碎外道之法，祂顯現出婆羅門僧之身；為了教化四部眾，祂顯現出四部眾之身；為了講解婦女之道，祂顯現出婦女之身；為了教化為人父母者，祂顯現出兒童之身；為了臨機應變說法，祂顯現出天龍八部之身；為了教化固執頑冥邪見之心的諸靈魂，祂顯現出執金剛之身。

觀世音菩薩到慾界或色界各處出差，顯現出十九種的身形，都是為了使眾生覺醒。

諸君！你們應專心一意供養觀世音菩薩。不論你遭遇到任何急難，受到怎麼樣的恐懼威脅，祂一定能為你除去不安。因此，在這個充滿危險的娑婆世界裡，觀世音菩薩又被尊稱為「施無畏者」。

——幾年前，一位和尚搭乘了日本航空飛機。中午十二點由大阪機場起飛，目的地是東京的羽田機場。是個晴空萬里的日子，飛機正以六千公尺的高度順利飛行中，想不到在名古屋上空之際，飛機突如其來地向右轉，且開始快速下降。心中才覺得：

「奇怪?!」

不久，高度已降到四千公尺，才漸恢復水平飛行。機頭的駕駛艙附近有一陣騷動，機內開始播音，是很冷靜的聲音：

「現在，我們已遭受到劫機。」

一瞬間，打從背後恐怖起來。飛機內一片哀嚎。空服員繼續廣播說：

「各位，請放心。劫機者只有一個人。劫機者只是要求我們飛到莫斯科去。」

真是一個沉著冷靜的空服員。此刻，劫機者是用一把刀頂住空中小姐的脖子呢！

接著又聽到播音：

「現在，為了要補充油料，我們要在成田機場降落。」

在和尚旁邊坐的是一位高中三年級的女生，臉色發青，上氣接不住下氣地啜泣著。和尚握著她的手說：

「放心吧！來，跟和尚一起來誦念吧！」

兩人齊聲誦念：「唵　摩訶　迦羅尼迦　娑婆訶」。居然，不可思議地安靜下來。坐在女生右邊的一位老太婆，跟和尚點點頭之後，也一起誦念起來。

在機內一片緊張的氣氛中，飛機在成田機場安全降落，在滑行道的末端停下來。經過了三個鐘頭。

突然，前面一陣乒乒乓乓地騷動起來，飛機上下搖動得很厲害。機長乘劫機者不留意之隙飛躍過去。接著副駕駛和空服員也都飛躍過去，大家解開了領帶，將劫機者手腳緊緊綁住，從緊急逃生門推出去，事件宣告結束。

這時，用柔和的聲音，沉著的語調，讓旅客安心地廣播的空服員，說不定就是觀世音菩薩的化身呢？——

無盡意菩薩白佛言世尊我今當供養觀世音菩薩即解頸眾寶珠瓔珞價值百千兩金而以與之作是言仁者受此法施珍寶瓔珞時觀世音菩薩不肯受之

無盡意菩薩很敬謹地對世尊說：

「世尊，我現在就來供養觀世音菩薩！」

言畢，立刻解開掛在自己的脖子上的諸多寶珠所串成價逾百千兩金的瓔珞，拿著呈獻給觀世音菩薩，同時說：

「仁者（指觀世音菩薩），請您接受這件珍奇異寶串成的瓔珞法施吧！」

此時，觀世音菩薩不肯接受它。

無盡意菩薩再次對世尊很敬謹地說：

「世尊，我們是由內心想來供養觀世音菩薩。」

於是，把掛在自己脖子上的「價值百千兩金（以現代價值，何止十億元之價的鑽石、紅寶石等高價值）的很多很多寶石所鑲嵌的首飾取下來，毫不吝惜地，很高興地奉上。

不過，現今之世，在外國治安比較不好的地方，自古以來，常耽心不知何時會有強盜土匪來襲而奪走了房舍或土地。因此，便把全部家當集於一身，只要人能逃脫得出來，全部財產就會隨身帶出。

因此，比起生命而言，算是第二重要的首飾，而把它取下來提供給觀世音菩薩，它代表著：「我已全部奉獻給觀世音菩薩了。我的生命，不僅如此，連我內心深處所有的佛性也都要一起奉獻了！」充分理解皈依的實現。也因此送上這些飾物而打從內心誠懇地請求：

「仁慈之至的觀世音菩薩啊！請接受我的首飾做為法施（請你為我們說法的禮儀）吧。」

可是，觀世音菩薩並未接受這份法施。

無盡意復白觀世音菩薩言仁者愍我等故受此瓔珞爾時佛告觀世音菩薩當愍此無盡意菩薩及四眾天龍夜叉乾闥婆阿修羅迦樓羅緊那羅摩睺羅伽人非人等故受是瓔珞

無盡意菩薩再度向觀世音菩薩說：

「仁者，請您憐愍我們，所以請接受這個瓔珞吧！」

此時，佛陀向觀世音菩薩說：

「你應該憐愍這位無盡意菩薩，以及四部眾，天、龍、夜叉、乾闥婆、阿修羅、迦樓羅、緊那羅、摩睺羅伽、人非人等，就接受這個瓔珞（做為法施）吧！」

無盡意菩薩再一次向觀世音菩薩敬謹地說：

「仁慈之至的觀世音菩薩啊！無論如何，請您可憐我們，請您接受這個首飾吧！」

為什麼會拿著價值數十億元的首飾，如此卑屈恭敬地請求呢？看到這般光景的世尊，於是從旁助言道：

「觀世音菩薩！現在無盡意菩薩所說的，就是代表比丘、比丘尼、優婆塞、優婆夷等四眾，以及天、龍、夜叉、乾闥婆、阿修羅、迦樓羅、緊那羅、摩睺羅伽等八部眾的聲音，是煞費苦心的意志，請您就順著他們的期望收下吧！」

即時觀世音菩薩愍諸四眾及於天龍人非人等受其瓔珞分作二分一分奉釋迦牟尼佛一分奉多寶佛塔無盡意觀世音菩薩有如是自在神力遊於娑婆世界

（觀世音菩薩聽到佛陀所言）隨即基於憐愍四部眾，及天、龍等人非人等，接受了那個瓔珞。並且隨手把它分成兩份。一份奉獻給釋迦牟尼佛，一份奉獻給多寶佛塔。

「無盡意君！（你看），觀世音菩薩就是有這樣的神力，在這個娑婆世界遊歷勸化。」

聽到世尊如此勸說的觀世音菩薩，瞭解地說：

「原來如此，就這麼辦吧！」

隨即為了四部眾與八部眾，接受了那件首飾。

依我們凡人，對這件價值數十億的首飾，必定是默默地收入自己的懷裡，這也是我們凡人與觀世音菩薩不同之處：

不愧是觀世音菩薩，絕無如此低俗污穢的心態。祂打開首飾的繩子把珠寶分成兩份，一半呈獻給世尊，另一半則奉獻給多寶塔。

世尊轉向無盡意菩薩對他叮嚀：

「無盡意君，你看到了吧！觀世音菩薩為什麼會有如此廣大神通力來發揮？為什麼能自由自在地在娑婆世界顯現，為什麼能救濟諸多眾生？道理可懂了吧？這麼價值連城的財寶，觀世音菩薩拿到了都不據為己有，卻把它供養給有恩於祂的人以及祂所尊崇的佛。」

爾時無盡意菩薩以偈問曰

世尊妙相具　我今重問彼　佛子何因緣

名為觀世音　具足妙相尊　偈答無盡意

汝聽觀音行　善應諸方所　弘誓深如海

歷劫不思議　侍多千億佛　發大清淨願

那時，無盡意菩薩用詩體的偈語向世尊請問：

「世尊具有莊嚴妙相，

我今再重新請教有關祂（觀世音菩薩）之事，
佛子觀音是基於什麼因緣而被稱為觀世音菩薩？」
具有莊嚴妙相的世尊，也用詩體的偈語回答無盡意菩薩：
「你要聽明白觀世音菩薩所修過之行，他是個善於適應各種不同地方場所的大菩薩，
祂的弘願深如大海，歷經之劫數不可思議，
祂侍奉過千億以上的諸佛，並在諸佛之前發過大清淨的弘願。

到此為止的文體是普通教文體，接下來是以五言詩的體裁，稱為偈語或偈體文章，是具有詩詞之美的韻文體裁的佛經文。

無盡意菩薩自此開始，用詩體的偈語向世尊請教：

「言辭無法描述般，莊嚴妙相偉大姿態的世尊。我想再一度請教那位菩薩有關的事。

原來是世尊弟子的觀世音菩薩，是因為什麼因緣，祂才被尊稱為觀世音呢？」

莊嚴妙相（人相、骨相、手相、足相等所有之相都具有不可思議的大吉相）的世尊對於無盡意菩薩的問題，也採用詩詞體裁作答：

——釋迦世尊之相具有「三十二相、八十種好」之不可思議之妙相。例如：腳掌心為扁平腳、腳底有千輻輪模樣的網紋、手腳指之間有蹼、手長過膝、陰部藏而不露、身出紫金色、有齒四十……，是一般常識無法想像的珍貴之相，我認為：釋迦牟尼佛應該是「外星人」——。

「你啊！注意聽著。觀世音菩薩勤於修行以追求菩提，立下弘願教化眾生。觀世音菩薩，對所有眾生的煩惱與痛苦，臨機應變，依其人物與地點採取適應的方法為大家除苦解煩，祂為此意志堅強不移。

祂的弘願比大海深。其深度依我們凡人幾億年都無法想像得到，甚至是道理說不通地深。

——一般以為：弘字的來源是強字。「強」這個字，改寫成「强」字。它便是弘虫，是一種吃米的蟲。食米蟲不論有多少米，總是一粒一粒，很確確實實地吃，直到吃完為止，因此變成很強壯——。

觀世音菩薩以其堅強的心侍奉過去千億以上的佛，且接受其教悔。尤為可敬的是，祂發了清淨弘願。這些弘願在以後分別說明。

第三章　五個觀念

十二災難

我為汝略說　聞名及見身　心念不空過
能滅諸有苦　假使興害意　推落大火阬
念彼觀音力　火阬變成池

讓我來為你們概略地解說，如果大家聽到觀世音菩薩的名號以及見過觀世音菩薩的身相，且能一心持念觀世音菩薩而不把寶貴的時間空白浪費掉的話，便能滅除種種的苦惱。

假使有人興起傷害你之心，而把你推落大火坑的時候，如果你能持念那位觀世音菩薩的神通力。那麼，火坑便會變成水池。

古代有一種傳說「男人一出門，便會遭遇七大敵」。如今，是男女平等的時代，「女人一出門，也會遭遇七大敵」才是。那麼，夫妻一起出門，合起來就要遭遇到十四大敵了。

觀音經的前半部提出的七難，即是十四大敵，或突發的災害等，由外部而來的災難。

此處所介紹的十二難則是包含意外的以及自我內心裡的，由多數的災難的種子發芽滋長出來的十四大敵。為了摘除這些即將滋長的嫩芽，非借觀世音菩薩的神通力不可。因而，世尊說：

「讓我來對你說明對觀世音菩薩誓願的大概內容。

首先，願常聞觀世音菩薩之名，並恭敬禮拜，內心常記住觀世音菩薩不敢或忘，則諸種苦惱一旦發生，便會立即消災解厄。

其次，願當他人起惡意欲加害於我，如同推我心入噴火之火山坑口時，能藉信賴觀世音菩薩的神通力，一心持念，使得正在噴出火焰的山火坑口，瞬息之間變成積滿了水的死火山。」

——人心如火山噴火口，乃起因於「醋火燒起來的嫉妒心」、或是「怒火燒起來的憤怒之心」。

在大眾之前受到莫名其妙的屈辱，或是毫無理由地受到毆打，就像把火柴點火到汽油旁，憤怒之火便因而燃燒起來。

瞋恚之火是肇因於恨與怨所點燃之火，烈火中燒，炎炎而上，將持久而不熄。

嫉妒兩字都有女字旁，好像是女性的專用語，其實不然，事實上男性的嫉妒尤甚於女性。

嫉妒之火與憤怒之火，都是發自心裏的「火難」。要熄滅這種火，非藉觀世音菩薩的神通力，別無他法。——

或漂流巨海　龍魚諸鬼難　念彼觀音力
波浪不能沒

或者遇到漂流在大海中，有龍、魚、諸惡鬼來吞食的災難，只要你持念那位觀世音菩薩的神通力，波浪就不能把你淹沒吞食。

其次，如果你遇到海難而在汪洋中漂流，或將被溺死的威脅所折騰而痛苦不堪；或為龍、魚、惡鬼等的來襲而苦惱不已；此時，只要你能專心一意信賴觀世音菩薩的神通力而誦念，就不會被大浪所吞沒而溺斃。此亦一大弘願。

——汪洋大海，亦影射人類的愛慾之海。何時、何處會受到傷害與災難，誰都無法預知。愛慾之海亦是無法預知何時或何處會令人浮沉漂流受難。

張先生是在社會上一帆風順的一個公司職員，有一次參加了高中時代的同班同學會。

那時，有一位眉清目秀、頗為標緻的女同學，張先生曾對她頗有好感，很湊巧地在鄰座坐下來。那位女同學也知道他對她曾有好感，幾巡互相勸酒之後，大家都很高興地交談聯誼。散會後，兩人竟然墜入情網，遭到愛慾的海難。

張先生家中有妻子與兩個孩子，而她家中有丈夫以及一個孩子。可是，兩人經過幾次的幽會，浸浴在愛的波濤之際，張太太獲知了這件婚外情。

自此以後，張太太如怒龍惡魚般地發狂，張先生則每夜都在惡鬼的夢魘中度過。

就因為如此，身心都被這種大浪擊碎了。雖然，到現在尚在浮沈當中，如能借著觀世音菩薩的神通力之助，應可好轉才是——。

或在須彌峰　為人所推墮　念彼觀音力
如日虛空住

或許當你在須彌高峰的時候，被人所推而墜落下去，只要一心一意誦念那位觀世音菩薩的神通力，就能像太陽住要虛空一樣安然無恙。

再者，當你站在須彌山（請參閱一八、一九頁靈界地圖）的山頂上，被人從背後推落下去，這時候，只要持念深信觀世音菩薩的神通力，便能跟太陽一樣，在宇宙的空間停留下來。以此為弘願。

——須彌山為靈界最高的山。山丘低的山，山頂就較為寬廣；要是山愈高，則其山頂便愈狹窄。

這是自然景觀。而人類社會的道理也是一樣的，地位低微不為熟知的人，稍作盡情狂歡，不易受人注目被人責難。

可是，當地位高起來以後，當眾受獎，或是在電視上露臉，成為名人之後，別人的眼光便成了麻煩。

有人錯認自己了不起，任何事都以一己之見。自以為是，得意洋洋的人，就像站在名為得意之山巔。「天外有天，如：有頂天」。這樣的山頂的寬廣只能勉強容納雙腳而已，不容稍有疏忽。只有露出一點點縫隙，覬覦繼任的部下，或是競爭對手們，就會動腦筋抽你的後腿，甚至會從背後把你推下去。

地位高起來，收入也多了起來，愈來愈出名的人，千萬不可驕傲自滿。一方面要品行端正，一方面也要許願專心一意持念觀世音菩薩，而且時時記住：

「無論如何，我絕不把自己推到有頂天上去。」

萬一，有人心術不正從你背後推你墜落深崖，你就會在半途掛到樹木而停留在半空中，因此撿回你的生命——。

或被惡人逐　墮落金剛山　念彼觀音力
不能損一毛

或者，當你被惡人追逐，不幸墜落金剛山谷，只要你專心一意持念那位觀世音菩薩的神通力，則連一根汗毛都不會受損。

接著，當自己內心有邪惡之念，自己的體內被惡念所追逐，就如同被追趕到金剛山（在靈界的八大山，其高度僅次於須彌山）的山頂，幾乎就要掉落下去了。此時，只要堅信觀世音菩薩的神通力，專心一意誦念的話，就算掉落山崖，就連從身上毛孔生長出來的任何一根汗毛也不會受損。以此為弘願。

——人的心是脆弱的。不論是意志如何堅強的人，必定有其弱點。這個弱點對於誘惑最為脆弱。有人對金錢的誘惑比較脆弱，有的人卻對美人的誘惑比較脆弱。

自古以來，古今中外都有貪官污吏，而且從未間斷。雖然說：在政府機關任職，每天的工作單調，薪水卻很安定。倒是一份令人羨慕的工作。

如果有商人，把十年份的薪水用現金擺到他眼前，大致上的人一定為忐忑不安，為它動心。

或者，有的商人會用電視或電影的明星般的美女，來誘惑遠離妻子長期單身赴任的職員，能不為所動者有幾人？

曾有一位修練飛行術的仙人，名叫久米。當他在河上飛行的時候，只因他看到在河邊洗衣的年輕姑娘的雪白小腿，法術頓時消失而墜落到河裡。一般就業人士的意志脆弱是可以理解的。

因此，經不起誘惑的官吏或是公司職員就會開始墮落。當遭遇到這種情況，趕快誦念觀世音菩薩的名號，持念不讓自己誤入歧途。

豪誠是老祖母帶大的，小時候，祖母常對豪誠叮嚀：「人有時會心生邪念。這個時候，要勤念『唵　摩訶　迦羅尼迦　娑婆訶』這句真言。觀世音菩薩必然會賜予救助。」

在豪誠大學時代，有一個壞朋友來找他商量：

「我們一起來拐騙一個有錢的朋友，來搶他的錢！」

由於，豪誠還欠那個壞朋友一些錢，不敢當面拒絕他。

懵懵懂懂地一天天過去，終於來到相約的那一天，朋友約他在一家咖啡屋集合，可是，那天一大早，豪誠就開始瀉肚子，被人從住處送進醫院。經診斷是大腸炎，整整在醫院住了三天。

假如，跟那個壞朋友的計畫真的實行了，將以詐欺罪名被捕下獄，從社會中墮落下去，必定讓祖母傷心嘆息不已。

很幸運地，毫髮未損。這豈不是觀世音菩薩讓豪誠腹瀉。豪誠對此至今深信不疑——。

或值怨賊繞　各執刀加害　念彼觀音力
咸即起慈心

或者遇到盜匪環繞著你，他們各個都手執凶刀要對你加害，如你能專心一意持念觀世音菩薩的神通力，盜匪們就會發起慈悲心而不會加害於你。

接下來說到：心懷怨氣的盜賊來包圍你的時候，儘管他們都持刀想傷害你，只要你專心一意堅信觀世音菩薩的神通力而持念不止。那麼，所有的盜賊都會回心轉意，發起慈悲心，產生了憐愛之意。以此為弘願。

——有時，發生凶殺案的新聞，大家為「是否因積怨而殺人?」而喧騰一時。殺人不僅止於用刀砍、用刀刺、用槍射殺，或用鈍器毆打而已。甚至，口頭的一句話也會致人於死。

最合法的殺人是：檢察官以其凌厲的口舌對被告的惡行提起追訴，而由審判官宣告死刑為其終結。

不僅窮凶惡極的罪犯會受此死刑宣告，善良的人有時也會由於別人的中傷，使他無法在工作單位或社會中繼續待下去，終於步上自殺之途者，也時有所聞。最近，校園中就曾傳出，意志比較脆弱的中學生，受不了校內的欺凌而懸樑自盡。

古代，欺凌是有一定的程度（規則）的。俗話說得好：「殺人不過頭點地。」不可欺人太甚。

在任何的社會，總有欺負別人的人和被別人欺負的人，被全村的人所欺負的人是徹徹底底被欺負的人。這種人平常受到村裡的人八分的厭惡。其餘二分：一分是在發生火災的時候，另一分是出殯的時候。只有在這兩分的時候，村內的人才會一齊出面來幫助他，這是古代村莊裡欺凌的規則，所以叫做「村八分」。

然而，在現代的社會裡，人心更加殘忍。追殺的對象已到無處可逃之時，尚且以口舌強加砍伐，讓他非自絕其命不可。

人的唇槍舌劍是可怕的！所謂唇槍舌劍，它比任何凶器都可怕。這種刀對於像宮本武藏這麼有名的劍客，亦能不出鞘而致人於死。

或遭王難苦　臨刑欲壽終　念彼觀音力　刀尋段段壞

或看遭遇到王法處罰之苦難，面臨要行刑，壽命即將終結之時，只要專心一意持念觀世音菩薩的神通力。行刑的刀杖會自行在一剎那之間斷成很多段。

再說，對於專橫任性的國王的毫不講理的言行所困擾，竟至被宣告死刑。此刻，可謂生命即將結束。只要專心持念深信不疑的觀世音菩薩的神通力。當劊子的刀揮起來的時候，瞬時，斷裂成很多段而飛散出去。以此為弘願。

——所謂專橫任性的國王，其實就是指自己的心。從小就養成任性霸道的小孩子，就是活像專制的君王。任何人都拿他沒辦法。

跟拿破崙說：「在我的字典裡沒有『不可能』這句話。」有異曲同工，任性的孩子，在他的字典裡找不到「忍耐」、「容忍」、「耐心」等字句。

人的心理總是順我意者，做什麼都是好的。而不願聽不順己意的話。這種心理慾求一直增長而永無止境的。這種行為必然會造成很大的傷害。最後，將會受到發狂的審判。

幾年前，有幾個高中退學生，把一個高中女生監禁在一個房間裡，並予以輪姦、毆打、無所不用其極地施予暴行。但是，到此尚無法滿足其心理，最後，有人想出怪招，把女孩子放進木箱裡，然後灌入混凝土。

確是受到發狂的審判。要知道，做了這種暴行的那些孩子，都是從小學、國中，而到高中，接受了十幾年的教育。

教導這些孩子的教師們，難道是對他們施行了暴行的教育嗎？

到五、六歲為止的人類，只能稱之為「幼稚」，不能稱為「成人」。人與禽獸之別，主要是在於人之是否已經「成人」。

人要達到「成人」的階段，必先認清人與人之間的關係，父母與子女、或是自己與別人之間的關係能妥善處理，才可以說是「成人」的第一步。

做為一個人，就像做一個木桶一樣。把細長的木板，一片一片堆成圓桶狀，加上了桶底，然後用箍兒框起來繫緊，才能完成一個木桶。

人的心也要像木桶一般，用個箍框緊，否則就無法成為一個「成人」。雖然已經框緊了，放久了也會鬆散下來，因而常常要調整加以框緊才可以。

不能自己控制自己的心的人——無法「為心之師」的人——尚不足以為「成人」。

只要從小不忘依靠觀世音菩薩，專心一意誦念觀世音菩薩真言，祈求「賜我成長，但勿成狂！」

能如此者，那些會傷自己的刀，必會折斷散落於無形——。

或囚禁枷鎖　手足被杻械　念彼觀音力
釋然得解脫

也許受到囚禁，身上受枷鎖、手腳為手銬腳鐐所鏈。只要專心一意持念觀世音菩薩的神通力，便能心神釋然而解脫刑具加身之苦。

其次，被囚禁時，頭有枷鎖、腳受鐐鏈，而且手腳鎖在一起，一籌莫展，無法動彈。如果能專心一意持念深信不疑的觀世音菩薩神通力，頸上的枷鎖、手銬腳鐐都能脫落下來，得到輕鬆愉快的狀況。以此為弘願。

——以前有人說過：「結婚是愛情的墳墓。」因為那個時候，離婚是一件很困難的事。

因此，有人總以為這個世界是娑婆世界（要忍受痛苦的地方）。

林先生為了進大學，忍受了多少年為入學考試的煎熬。好不容易才考上，接著又要為畢業論文受折磨。等到畢業，才進入一家雖非一流，卻也說得過去的公司就業，不多久卻又碰到心地惡劣的主管，受盡他的折磨與欺負。

辛苦地追上公司內公認為美女而結了婚，萬萬想不到竟然是個只會花錢不愛打掃，也不洗衣做家事的人，她自己不會做料理，卻又是對每餐都很挑剔。一年到頭一直嫌我薪水少，晉陞慢，林先生的媒人，也是公司的處長，經幾番考慮之後，勸我：

「倒不如去離婚吧！」

可是，林先生已經有兩個孩子。目前，住在租來的小公寓裡，沒有錢可以搬家。去年預借來的欠帳，到現在還沒還清呢！不免令人驚嘆：

「啊！這就是人間累贅。」

頭有枷、腳有鎖、手有銬、腳有鐐，那就是公司、妻子、子女、住宅、等等人間累贅。

纏在頸部的領帶就是公司的枷鎖。它也就是人們被綁著，只能在公司與住家之間活動的枷鎖。

為了太太要買外套，向高利貸借錢，它就是用文字把腦袋綁得動彈不得。子女可以說是困住手腳的手銬腳鐐。

「唉！我煩死了，我什麼都不要，我要逃到國外偏僻地方去！」

在真正自暴自棄之前，信靠觀世音菩薩的神通力出現了。

專心一意持念觀世音菩薩的結果，啊！簡直不敢相信，忽然間，想法完全改變過來的念頭出現了——。

咒詛諸毒藥　所欲害身者　念彼觀音力　還著於本人

也許有人要用詛咒或各種毒藥來加害你。只要你專心一意持念觀世音菩薩的神通力，那些詛咒與毒藥都會回到本人身上去。

身心受到咒語或各種毒藥的傷害的人，只要專心一意持念深信不疑的觀世音菩薩，所有的詛咒和毒藥都會回到施毒詛咒者的身上。以此為弘願。

——有句成語：「害人反害己」。

古時候，要用詛咒殺人的時候，有所謂「丑時下咒」。一方面口中念念不忘要那個可恨的傢伙必死，一方面用稻桿做人偶，拿著它，在深夜兩點鐘（丑時）時，悄悄地到寺廟後山，用五寸鐵釘，把那個傢伙模樣的人偶釘到大杉木的樹幹上，一方面大聲叫喊：

「畜生，去死！我要把你殺死。」

同時用力釘上去。這下子，原來安安穩穩睡在床上的那個傢伙，便會突然間開始可怕的夢魘叫起來。

「唉喲喂！痛呀！」

睡在他身旁的太太，會被這種突如其來的呻吟驚醒，束手無策，直到天亮竟然嚥氣歸陰。結果，死亡病因是心律不整。

像這種時候，平常如果能專心一意持念觀世音菩薩，一切信靠祂：

「無論如何！請幫助我消除這個痛苦吧。」

非常不可思議地，打下五寸釘的那個人，突然心臟發作，痛苦不堪，就好端端地倒在大杉樹下，一命嗚呼。

用詛咒殺人是一種完全不留證據的犯罪行為。自己不會受傷，別人也無從懷疑。然而，讓憎恨的那個傢伙死去，這種做法並不很乾淨俐落（三更半夜上山並不是一件令人痛快的事）。

那麼，還有什麼方法嗎？首先，用砒霜，它是劇毒且又無臭。每天，在他不注意當中給他吃下一些，兩三個月之後，就會突然暴斃。

其次，也可以用古柯鹼或海洛因等麻醉藥，只要讓壞人很技巧地引誘所憎恨的那個傢伙用上二、三次以後，那個傢伙就會自己持續麻醉自己直到中毒而死。

然而，儘管不是自己施毒詛咒，自己存心計劃去殺死一個所憎恨的人，已經是心靈浸淫劇毒了。

這種心靈會以心傳心，必然會傳遞不好的預感。當人心預感惡念時，應專心一意持念觀世音菩薩的名號。

很快地，施咒下毒的人，由於自身心靈浸淫劇毒，如同自掘墳墓一樣墮落下去——。

或遇惡羅剎　毒龍諸鬼等　念彼觀音力
時悉不敢害

或許當你遇到惡羅剎、毒龍、各種惡鬼等要來害你，只要你專心一意持念觀世音菩薩的神通力，即時都不敢加害你。

接下來，當你遇到惡魔、或有毒的龍、或惡鬼、惡神，而被其困惑之時，只要你能專心一意持念深信不疑的觀世音菩薩的神通力，那些要加害於你的惡魔、毒龍，或鬼神等都變成不敢害你。

——人與猿猴或黑猩猩等動物是不一樣的，人是有思想、有宗教信仰的。就思想而言，有資本主義、共產主義等各色各樣的思想；在宗教上，也有天主教、基督教、印度教、佛教、道教、伊斯蘭教等不計其數。

不論是思想或是宗教，都有正的與邪的之分。有的思想是一種亡國思想；有的宗教是一種邪教。再者，宗教或思想對不同的人種或民族，也有不同。

在世界上有一定的自然法則，每一個人所看到的都是：水由高處向低處流，太陽在早上從東方昇起，黃昏則由相反的方向降下。人自出生起，就會經歷病與老的經驗。大家都很平等地經過死的經驗而終其一生。

這種思想或宗教，人人都能理解，是思想與宗教的常理。可是，人的想法往往有很多邪念。這些邪念在人的心坎裡就生成了惡魔、毒龍、鬼神等魅影。

有一種宗教，對於教徒中稍微脫離所屬團體而私下行動的少女，被認為是魔女，而施予所謂「魔女獵捕」的以火燒烤的處罰。

這種情況下，除了被認為是魔女的女性之外，其他的人都變成惡魔、毒龍、鬼神等怪物，誰都不去理會她的生死。

多恐怖呀！觀世音菩薩說：

「假如，你被認為是魔女，被大家所蔑視的時候，只要打從內心信靠我，專心一意持念我，我一定會使大家的心平靜慈祥，不會對您加害。」——

若惡獸圍繞　利牙爪可怖　念彼觀音力　疾走無邊方

假如有惡獸環繞著你，每一隻都對你張牙舞爪，使你覺得十分可怖的時候，只要你持念觀世音菩薩的神通力，惡獸們就會很快地四處逃散而不見蹤影。

其次，極其兇猛的野獸把你包圍起來，對你張牙舞爪，幾乎要把你四分五裂的時候，只要持念深信不疑的觀世音菩薩神通力，不消一會兒，野獸就會分向四處離去。以此為弘願。

——俗話說「好人不長壽，禍害一千年。」這個世界是形勢比人強。惡人當道，莫可奈何的時代。當然，惡人當道是不會持久的。可是，儘管你如何大聲疾呼：

「那是違反道理的！」

總是馬耳東風，任何無理要求，也都照做不誤。

一九四〇年至一九四五年，短短四年之間，日本那些惡獸般的軍人做了多少無理的主張。在小學裡，教小孩子們：

「無論是美國人或是英國人，都是紅鬼、青鬼模樣，畜生一般的人。把魔鬼與畜生般的美國英國燒死！」

小孩子們把它當真的，對它深信不疑。

俗話說得好：「江山易改，本性難移。」很多人直到今日，每當在電梯中單獨與高大紅顏外國人相處那段時光，總覺得十分不安。

日本戰敗，那些無理的主張都行不通了。於是，又回到合理的世界。不過，仍是處於無理掛帥，充滿惡獸的世界裡。前些年，伊拉克總統海珊就張開其猛獸般的獠牙，狠狠地對科威特的國民咬下去。

在世上有跟猛獸一般的狂暴的人。但是，那種人並不是一年到頭都是狂暴模樣。有時候也是笑臉迎人，慈祥和藹的。只是在像心靈的煞車器一樣的自制力失效的時候，才會狂暴的。

無論如何狂暴的人，假如只是一個人，大致不會搞出什麼太嚴重的事端。可是，如果形成集團，就會發出難以料想得到的惡勢力。像伊拉克，軍隊中的暴徒簡直是喪盡天良做盡壞事。

如果，被這樣的暴徒包圍起來的話，該怎麼辦呢？唯有專心一意、信靠觀世音菩薩的神通力，一心一意持念觀世音菩薩的真言，別無辦法。

果真暴徒會變得和藹可親嗎？槍口會向地上朝下嗎？縱然是這種懷疑只是一絲一毫罷了，觀世音菩薩準會立即掉頭不理你。——

蚖蛇及蝮蠍　氣毒煙火然　念彼觀音力　尋聲自回去

蚖、蛇以及蝮、蠍等毒蟲，牠們所吐出來的毒氣像火焰一般在燃燒的時候，只要專心一意持念那位觀世音菩薩的神通力，不久就會各自掉頭回去。

其次，當蜈蚣、毒蛇、蝮蛇、蠍子等毒蟲攻擊獵物時會吐出火炎般或煙霧般的毒氣，如果迎面撲來時，只要對觀世音菩薩的神通力深信不疑，且專心一意持念觀世音菩薩真言，牠們聽到這些聲音，就會獨自收回毒氣，掉頭回去。以此為弘願。

——當青蛙要被蛇吞食那一剎那，總是能跳脫逃掉就盡量逃脫。可是，事實上青蛙是盯著蛇一動也不動。噢，不！是動不了。

青蛙被蛇的嘴裡伸出那兩條熊熊烈火般的紅色舌頭的搖晃和吐出的毒氣所迷惑，好像被緊緊地綁住了。

因此，蛇就能像在小鳥鳥巢找到好吃的鳥蛋吞食下去一樣，很簡單地就把青蛙吞食下去了。

不是只有蛇才會吐毒氣，人也跟它一樣會吐毒氣的。「我受不了那個傢伙的烏煙瘴氣！」這句話就是最好的證明。毒氣是在呼吸時，從嘴巴吐出來的。

根據科學家的實驗報告，在攝氏零下二一二度的冷卻裝置中，如果人們把呼出來的氣吹入，這些氣味會液化，液化的氣有不同的顏色。

果真人呼出的氣有不同的顏色嗎？

當人在極度的興奮狀態的時候，例如在盛怒且被人用兇刀襲擊的男子所吐出來氣體液化後，呈現褐色，帶有劇烈的毒素。把它給土撥鼠吃，會立即死亡。

悲傷時吐氣的液化色是白灰色，恐懼驚慌時所吐之氣液化色呈綠色的。「長吁短嘆」這句成語的日語寫成「青息吐息」。看來，早年的日本人已經發現：人們呼出來的氣是有顏色的。

害羞時吐氣的液化色是淺桃色。人們常把男女愛戀稱為「桃色」。可愛的少女遇到情人時，會羞得連耳根都會泛起桃色，她吐出來的氣必定也是桃色的。

話雖如此，當想到自己吐出來的氣，其毒足以殺死小動物，連自己都會毛骨悚然。

當我們盛怒而至會吐出毒氣的時候，趕緊專心一意誦念觀世音菩薩的名號。當聽到這個聲音的那一刻，心中毒氣便會自行消失——。

雲雷鼓掣電　降雹澍大雨　念彼觀音力
應時得消散

假如突然烏雲密佈，雷電交加、降下冰雹，傾盆大雨，危急萬分之際，只要持念那位觀世音菩薩的神通力，就會即時雲消霧散。

其次，當烏雲密佈，風馳電掣、雷電交加，既下冰雹又降大雨的時候，如果專心一意持念深信不疑的觀世音菩薩的神通力，剎時雨停雲散，晴空再現。以此為弘願。

——孩子常是一會兒哭、一會兒笑。其實，人類的心情也是隨時都在變化。不論是孩子或是大人，心情都跟猴兒跳來跳去一樣地變化得很快，很難定下心來。一會兒又哭又叫，一會兒又傷心得無精打采，一會卻笑得捧腹不已，一會兒竟怒髮衝冠，一會兒沮喪得無以自容，一會兒又是雀躍起來。

每一個人或多或少都有躁鬱症。

在雷電交加、傾盆大雨、驟降冰雹之前，必定烏雲密佈，周遭昏闇。這是自然法則。

人的心態也是依照自然法則變化的。在憤怒大叫大哭之前，必有烏雲覆蓋心頭。悲傷者的眼前是一片黑暗。

因此，默默承受不滿達到飽和點的那一瞬間，閃電般迸出來。於是，自暴自棄的行為自此開始。

當有這種心理的時候，請信靠觀世音菩薩的神通力，打從內心誦念觀世音菩薩的真言，必能不知不覺地使心中烏雲散去轉晴——。

眾生被困厄　無量苦逼身　觀音妙智力
能救世間苦　具足神通力　廣修智方便
十方諸國土　無剎不現身

當眾生被種種困厄災難所纏與身受無以計其數量的苦難所逼之時，以觀世音菩薩的奇妙智力，就能拯救出世間的苦惱。

觀世音菩薩具有充足的廣大神通力，修練了極為廣泛智慧的方便法門。

因此，在十方諸國土，沒有一個佛剎不是祂現身之處。

觀世音菩薩誓願：「對以上所述：存在人的內心的十二種災難，一旦發生，只要對我深信不疑，真心持念我的名號的人，無論任何事，我都百分之百地救助他。」

因此，當眾生被災厄所困之時，身受無數苦難所逼之時，請勿客氣，趕快發出「救命啊（SOS）觀世音菩薩！」的求救信號給觀世音菩薩。

當觀世音菩薩收到信號呼聲時，便會用那不可思議的智慧神通力，巧妙地拯救世間人的苦惱。

觀世音菩薩具有諸多智慧與神通力：能看到過去所發生過的任何事，能預見未來將發生的任何事，能劃除人們所有的煩惱，能聽到娑婆世界任何一個角落所發出的聲音，能騰空而來，能在水裡與地底行走，所有神通變化不可思議的行為能力，能看穿別人心事。

——有神通力的佛祖的形像是：在佛像的背後射出光芒「背光」來表現——。

再者，觀世音菩薩還具備有：依對手不同的人物、場所、時機之不同，能臨機應變出所有巧妙方便智慧。因此，能在四方八面各個國土中到處現身，拯救人們的苦惱。

無論是在正逢滿月的月光夜裡的寂靜的山中湖面，風平浪靜的海面，路旁的水塘上，甚至是垃圾場內廢棄的杯中水面，都能出現同樣的形影。

種種諸惡趣　地獄鬼畜生　生老病死苦　以漸悉令滅

如所有各種的諸惡趣，如：地獄、惡鬼、畜生，以及生、老、病、死等種種苦惱，觀世音菩薩都會運用祂的智慧與神通力，漸漸使所有的苦惱都消失。

在娑婆世界之中，有各種的惡趣（即惡道），人類會不知不覺中掉入它的泥沼之中。

——譬如說：人類死後並非單純地走到地獄去。在有生之年、竊盜、詐欺、賄賂、貪贓、惡姦等惡行的人，身心都已墜落地獄的不知廉恥之輩，必然打入到十八層地獄去。

要是在有生之年，只顧自己的溫飽、只挑美食給自己享受、只讓自己享盡世上美女。只為自己蓄積財富、一切功勳獎勵都歸自己，這種貪圖私慾的人死後會變成無頭餓鬼。

要是在有生之年，終日悔恨怨懟，對過去發生過的事懊惱不止，經常抱怨：「畜生！可恨！」死後豈不就像畜生一樣的愚癡笨瓜呆一個嗎？

要是在有生之年，任何事都要打賭，賽馬、六合彩、職棒，連作夢都在賭。甚至，有些大人，為了孩子的教育，送他們進好的補習班，只為了考進比別人更好的學校，來顯現自己比別人強。這不是教育，而是「較育」。

生活中充滿賭風的人，必將「墜落修羅道！」——。

觀世音菩薩對於掉入如此泥沼之中的人，會把他們從惡道中救出，漸漸地把所有的人們對病、老、死的不安或苦惱。終至消滅一切的苦惱。

真觀清淨觀　廣大智慧觀　悲觀及慈觀
常願常瞻仰　無垢清淨光　慧日破諸闇
能伏災風火　普明照世間

對於觀世音菩薩的真觀、清淨觀、廣大智慧觀、悲觀，以及慈觀，大家要常常以此誓願，也要常常瞻仰敬奉他。

觀世音菩薩具有無垢的清淨光，它會如慧日打破各種昏闇一樣，也會把風火之災難摳息消滅，發出普遍的光明照亮一切世間。

觀世音菩薩具有看清世上一切事物的本質之慧眼。

在宇宙存在有月球、星球和地球，乃至在地球上存在的一切事物，都是基於各種因緣而產生的。此為真觀。

觀世音菩薩具有不被煩惱所惑的清澈眼光。對於山、川、樹、竹、混凝土的建築物、家具、汽車、寶石，這一切在我們眼前映出來的物體都是暫時的姿態。此為清淨觀。

觀世音菩薩具有視宇宙的生命與自己的生命為一體的生命之廣大觀。有人認為：「在這個世上，追求的就是自己的身心與肉體的快樂。」也有人認為「在這個世上，應該做的正事就是承受各種苦難的修行。」這些都是綜合起來的觀念。就像「濁水也罷，清水也罷，說它是水準沒錯！如果使混濁的水沉澱下來，終究會澄清，變成清水的。」此為廣大智慧觀。

觀世音菩薩有憐憫一切生物之慧眼。想要拔除眾生的肉體上的痛苦與精神上的苦惱。此為悲觀。

觀世音菩薩具有對一切生物慈愛之慧眼。想要使棲息在地球上的所有生物都是快樂。此為慈觀。

——觀世音菩薩與世尊都是真正了悟的佛祖，他們都具有「五眼」。

其一、在肉體上所具備的「肉眼」。
其二、「天眼」，即是時常保持精神安定沉著的眼睛。
其三、「慧眼」，即能在這個世上看清萬物道理的眼睛。
其四、「法眼」，專注觀察萬物本質的眼睛。
其五、「佛眼」，視宇宙靈界的生命為一體，以慈悲心情觀看萬物的眼睛——。

大家如果希望時常能「擁有像上述一樣的，能有五種觀看能力的五眼。」請時常瞻仰觀世音菩薩。

觀世音菩薩的身體會發出清澈的光芒。而祂的智慧的光輝就像太陽的光芒一樣，照射一切的煩惱之陰闇，吹息一切引起災難的不幸的風或不祥的火等災害。創造光明的世界。

悲體戒雷震　慈意妙大雲　澍甘露法雨
滅除煩惱焰

悲憫為體之戒如雷震一般，慈祥為意之妙如大雲一般，澍降甘露法雨，為眾生滅除煩惱的氣焰。

觀世音菩薩廣為演說五戒、六戒、八戒等言論，都是一心一意「為拯救眾生的苦惱」而從博愛的真心發揮出來的，這種力量震響了大地。

再者，觀世音菩薩胸懷「使眾生快樂」的深遂的慈祥之心，使得飽受烈日曝曬的農村上空，霎時濃雲密佈，降下令人感激的甘霖。

饑渴的眾生，普遍受到佛法教義的甘霖，消滅了眾生內心燃燒中的煩惱之火。

——觀世音菩薩的誓願，簡言之，即是「拔苦與樂」。

「拔除眾生的苦惱；把快樂送給眾生」，是觀世音菩薩最急迫的願望。

因此，觀世音菩薩對每一個眾生說：無論是從自己嘴裡說出來的話，或是自己的手腳所做出來的行為，或是自己內心所想起的思考，都要謹慎。

儘管出家人有兩百五十個以上的戒律，觀世音菩薩對眾人在家者，只期待大家嚴守五個或六個戒律而已。

現代的修行人，有人蓄長髮、吃葷、飲酒、說謊、以惡言待人，又從為眾生出殯做法事拿錢。

有的修行人難免要懷疑：

「真正的修行人會相信所謂靈界這一回事嗎？」

眾說紛紜，莫衷一是，自古已然。一休和尚曾感嘆地說：「看起來沒有和尚的知識、打起坐來無精打采、偏好精巧有名的道具、座墊裝飾華麗、狂傲（自以為了不起）、一旦披上袈裟便道貌岸然，只要脫下袈裟，轉身一變，就是在家人了！」

相同的事情，在兩千年前，有位偉大的和尚，名叫「龍樹」，曾經斷言：

「儘管是剃光了頭，披上了袈裟，如果，不是由內心深信不疑，這種人是無法讓他進入我們這個法界的。不能悟得枯木開花結果，怎能證得沙門之果。恁你是剃光了頭、衣服染黑了、誦讀各種經書、常問多答，而在佛法之中，一切仍是空。」

自古以來，和尚也是有好的，也有不好的。

在家修持的人，在日常生活中，能確實遵守五戒或六戒，觀世音菩薩一定會為我們消除苦惱，而且把快樂送給我們。

諍訟經官處　怖畏軍陣中　念彼觀音力　眾怨悉退散

當你因案訴訟而經官衙，或身處令人恐怖生畏的戰場軍營之中，只要持念觀世音菩薩的神通力，所有的怨氣都會退散。

人類相互之間，如有利害糾纏，必起紛爭。於是上了法庭進行訴訟，於是展開一場又一場的爭辯。

不論是誰勝誰敗，在判決定案之前，雙方都會不安而極度心慌。國與國之間如果起了紛爭，當外交途徑無法解決的時候，便會引發戰爭。

在戰場上，槍砲交加，必然是極度恐怖，在這種情況下，只要持念日常信仰的觀世音菩薩真言，一切的怨懟，便會完全消失。

曾經歷過「抗日戰爭」的老兵，在與朋友閒聊時，回憶當年初次上戰場的心情說：

「當我第一次在敵前衝鋒上陣時，敵人的砲彈『咻——咻——』帶有很難聞的味道與難聽的聲音穿過耳朵旁。一聽到那種聲音，兩隻腳突然動彈不得。整個人好像是倒下來一樣，飛進了戰壕。全身發軟，戰慄不已。

嚇得全臉發白、雙頰的肌肉起了痙攣，喉嚨渴得冒煙，眼前一片空白。

隊長下令：「把頭伸出戰壕，看看敵人的模樣！」可是，我無論如何都抬不起頭來。

側眼看過去，只見隊長一邊笑著，一邊打開煙袋抽起煙絲。這時，我感到大腿發冷，忽然想到：「不對！剛才敵人砲彈打傷了我，現在正在流血了。」可是怎麼不會痛呢？用手一摸，媽的！居然是嚇得尿流屎滾。

朋友迫不及待地追問：

「結果呢？結果呢？」

老兵繼續說：

「隊長對我大聲一吼：『你不是當過和尚嗎？』『是啊！』心神突被喚醒，於是拼命地誦念觀世音菩薩真言。不知念了多少遍，很奇怪地，鎗砲聲完全都聽不見了，絲毫不覺得害怕，隨著衝鋒的信號，衝出了戰壕。」

聽完初次上戰場的故事，在你的心靈中，是否被觀世音菩薩的神通力深深感動不已。

妙音觀世音　梵音海潮音　勝彼世間音
是故須常念　念念勿生疑　觀世音淨聖
於苦惱死厄　能為作依怙
具一切功德　慈眼視眾生　福聚海無量
是故應頂禮

觀世音是微妙之音，是清淨的梵音，是大海潮之音，是遠勝世間之音。是故須要常常持念。

一念再念，念念不忘而且千萬不要心生疑念。觀世音菩薩是一位清淨無垢的大聖人，在眾生苦惱死厄的時候，祂能為這些事作為眾人的依靠之人。

觀世音菩薩具備一切功德，用慈愛的眼神看待眾生，祂聚集如大海無以計量之多的福份，因此之故，大家應該虔誠向祂頂禮。

觀世音菩薩的聲音，是無法描述的微妙之音，是清淨之音，是大海浪潮波濤洶湧之音。

這些聲音便是觀世音菩薩解說宇宙的道理之聲音。有時如徐風吹過樹梢的聲音，有時是川流潺潺之聲，有時聽起來卻又像大海浪潮澎湃洶湧的聲音。

觀世音菩薩這種救世之音，能為世間人消除所有的迷惑與苦惱。重要的是，時時不忘從內心深處虔誠持念觀世音菩薩。

無論如何，一念再念，念念不忘！絕不對觀世音菩薩能救世間苦存有絲毫的疑慮。

清淨高雅的觀世音，是受厄病神所困，為死亡而苦惱的時候，最值得依靠的佛。千萬不要對這位觀世音菩薩的神通力有毫無的疑慮。

觀世音菩薩身具一切功德，隨時都以其慈愛的眼光看待眾生。

如大海容納無計其量的河流之水一般，觀世音菩薩具備不計其數的福德。海蘊育著無計其數的生物之生命，觀世音菩薩則為眾生創造不計其數的幸福。

諸君！現在起，就以虔誠之心頂禮恭拜觀世音菩薩吧！

——「妙音觀世音，梵音海潮音，勝彼世間音，是故須常念，念念勿生疑，……」

只要勤於誦念，耳根會聽到海潮拍岸的美妙之音。

海潮之音並不是什麼不可思議的聲音。夜晚到海邊聽潮，可以使散漫荒亂的心情靜下來，白天裡，聽聽打在沙灘的波濤，可以使人激發靈感，站在岩岸上聽那拍岸浪濤，可以使低落的心情回復元氣。這就是觀世音菩薩慈愛的海潮音。

有位日本小說家，名叫「海音寺潮五郎」。想必他是對觀音經十分喜愛，所以引用了觀音經的部分內容作為自己的筆名。

海能「以潮定時」。所謂：滿潮、退潮、大潮、小潮等，萬物因之而生，是養育他們的海的呼吸。

常人說：播種時，應朝向大潮把種籽散播出去！因為向大潮撒出去時，會長得快。同樣地，有人說：要去理髮時，要向小潮方向走去，因為這種時刻理髮的話，頭髮會長得慢一些。

海浪波濤與潮水滿退的聲音都是波浪振動的聲音。人所發出的是音波，光波是光的波，電有電波，磁有磁波，靈有靈波，都是波的振動。

因此，觀世音菩薩是使所有的波振動起來的。

觀世音菩薩的耳朵是一具巨大的衛星天線，地球上每一個角落的音波都能聽清楚。

觀世音菩薩的嘴，是地球上每一個角落都接收得到的信號發射機。發出各種的音波，使它到達所有的人的耳朵。

現代人，特別是知識分子，除非自己親眼所見或親耳所聞是不會相信的。所以，觀世音菩薩煞費苦心拼命地像海嘯浪濤般不斷發出信號，如果不想去聽豈不太可惜了！

想與觀世音菩薩會面，想聽聽觀世音菩薩的聲音，唯有打從內心虔誠誦念觀世音菩薩，別無他途！這就叫做「念佛」。

「徹底地相信觀世音菩薩，決不猶疑！」

當災厄臨頭或心靈脆弱之時，唯有一心一意深信觀世音菩薩的神通力，一再重複地誦念「唵　摩訶　迦羅尼迦　娑婆訶」。

爾時持地菩薩即從座起前白佛言世尊若有眾生聞是觀世音菩薩品自在之業普門示現神通力者當知是人功德不少佛說是普門品時眾中八萬四千眾生皆發無等等阿耨多羅三藐三菩

提心

這時，持地菩薩乃由他的座位站起來，走向前去對世尊請教：

「世尊，假使有眾人聽到這部觀世音菩薩普門品裡面所闡揚的自在之業或普門示現的神通力，就會知道那個人的功德不少！」

世尊講說此部普門品的時候，聽眾當中的八萬四千眾生，皆發起無等等的阿耨多羅三藐三菩提之心願。

到此為止，持地菩薩一直傾聽世尊的說經說法，久久均未曾有任何動彈。此時，受到非常大的感動。

於是，自座位肅立起來，對世尊請教：

「世尊，眾生當中的每一個人，拜聽了二十五品所解說的觀世音菩薩，應該是可以自由自在活動的模樣，隨著對手之不同，變化出不同的姿態去適應，隨處可發揮神通力，能聽得到觀世音菩薩的人，必定得到很大的功德吧？」

於是，世尊不僅對持地菩薩，甚至對在場的八萬四千眾生，乃至在靈鷲山會場的全體聽眾，在世尊解說完普門品的時候，為大家誓願：

「無與倫比，無上智慧。而且，人人平等可以得到真正的佛的智慧。」

——談到真正的佛的智慧，想起在某寺廟大廳的對聯，該寺廟是以觀世音菩薩為本尊。

諸惡莫作
諸善奉行
自淨其意
是諸佛教

如能實行這些教條，便能理解佛的智慧。——

〔第三部〕

【法華經】

（第二十六～後記）

『觀音經』部分到此結束，以下是《法華經》第二十六品。

《法華經》到第二十八品為止，再加上「後記」一節。「後記」主要是解說要多懺悔。

因此，無論是居住在已受到污染的娑婆世界的人，或是自律甚嚴力求精進的人，能確實做到，想能成為普賢菩薩般的佛是為期不遠的！

第二十六品……『妙法蓮華經陀羅尼品第二十六』

當時，「藥王菩薩」從座位站起來，偏露右肩，恭恭敬敬地合掌向世尊請問：

「世尊，假如有信心極深的男女們，深信這部法華經的教義，誦念它、理解它、也認真寫經，到底有什麼樣的功德呢？」

世尊說：

「假如有信心極深的男女，能供養過恆河沙數的幾億萬倍的佛陀的話，到底有什麼樣的功德呢？」

藥王菩薩答道：

「必然非常地多！」

世尊接著說：

「信心極深的男女，要是能深信這部經裡的一句，勤於誦讀、理解其意義，依其教義修行，則其功德更多。」

藥王菩薩聞言十分感激地說：

「世尊，我瞭解了。為了講說法華經的人，我要誦念『陀羅尼（又稱真言，或稱咒語。）』來守護他們。」

於是開始誦念陀羅尼。念畢對世尊說：

「世尊，如果有人對誦念這句真言的法師加害的話，就等於對佛的加害。」

接著，「勇施菩薩」對世尊說：

「世尊，我也要來誦念真言。它能使夜叉、羅刹，或惡鬼等，看出法師的弱點時，無法對他入侵。」

接下來，「毘沙門天神」說：

「我也來誦念真言，它能使法師不會精氣衰竭。」

又有「持國天神」說：「為了守護法師，來誦念真言吧！」

那時候，坐在法會座位上的十位「羅刹女」，及「鬼子母神」及其孩子們，一齊來到世尊面前。向世尊說：

「我們也要誦念真言來守護法師。如果，有夜叉或羅刹等惡鬼讓法師罹患熱病，或是變成男人、或女人、或小孩來妨礙法師的修行，或是在法師夢中出現來困擾法師。只要違背此真言而對傳道說法者造成苦惱困惑時，頭腦會裂成七塊，受到殺人父母相同之處罰。」

世尊對他們說：

「很好！大家都為守護法華經的受持人積有功德，信此教義，守護供養佛經的人，其功德是無量的。請大家認真地守護法師們吧！」

第二十七品……『妙法蓮華經妙莊嚴王本事品第二十七』

當時，世尊對聽眾開始說了以下的話：

「很久很久以前的遠古時代，在『光明莊嚴』國裡，有一位『雲雷音宿王華智如來』的佛陀。那個國家的國王是『妙莊嚴』，夫人名叫『淨德』，國王夫婦生了兩個孩子，名為『淨藏』與『淨眼』。

這兩個人有崇高的道德與智慧。完全遵奉『六波羅密行』的菩薩行在實踐，已經體驗到三昧的境界。有一次，雲雷音宿王華智如來想引導妙莊嚴王進入正確的了悟之道，對他們講說法華經。得知此事的兩個孩子。頻頻鼓勵國王夫婦兩人去聽。淨德夫人提出忠告說：

『國王是信奉婆羅門經，無論如何是不會去聽其講經說法的。如果你們真的要我們去的話，你們就展現出不可思議的神奇變化給我們看，也許我們會老老實實地去聽。』

兩個人便到國王那兒去，開始展現出各種奇蹟。騰空飛行且停在半空中、橫躺著。接著，從頭頂噴出水來，從腳尖噴出火來，一下子身體膨脹得整個天空一般大，一下子又把身體縮小得跟米粒一樣。

才覺得在空中的形影剛消失，忽然從空中飛奔湧現出來，一會兒從水面上走過來，一會兒又到地面上行走，國王看得驚嘆不已。

國王深受如此廣大神通力所感動。

『你們的恩師是那一位？』

『是雲雷音宿王華智如來。今後要為父王講說法華經，請父王一定去。』

『對呀！我很想與如來見面。』

聽到這麼說，兩人趕緊去向母后報告，同時，順便利用這機會提出出家的請求。母后同意了他們的請求。

二人恭敬地稟告：

『請父王與母親能到如來出身處參拜恭養。雖然有可能與佛陀見面，但不是一定能見到面的。就像：優曇華（一種想像的花）花開是看不到的一般，也像一隻眼睛失明的海龜在大海中要找到漂浮木頭的孔一般，是很困難的事。所幸，我們已與佛法相會。一般人不會有這麼便宜的事。』

國王夫妻二人終於見到了如來，從如來依序拜聽了法華經真理的教義。於是心中的慧眼終於打開了。

結果，妙莊嚴王把王位讓給弟弟，自己也出家了。」

世尊對聽眾說：

「這位出家的妙莊嚴王不是別人，就是華德菩薩的前世。他的兩個孩子便是藥王菩薩與藥上菩薩。」

第二十八品……『妙法蓮華經普賢菩薩勸發品第二十八』

當時，兼具自由自在的神通力與崇高道德有名的「普賢菩薩」從東方的天空中，與一大群菩薩來到這裡。

環繞著菩薩一行人，是數不清的天人、龍、神、鬼神等所圍繞著。一行人來到靈鷲山的上空時，普賢菩薩便在世尊四周回轉七次頂禮參拜。然後請教世尊：

「我是住在『寶威德上王佛』之國。此次，特地前來參拜世尊在此講解法華經，眾菩薩也是為了拜聽而來，請多多賜教。

特別是，當世尊涅槃入滅之後，一般眾生如何才能受此教義？請賜教誨。」

世尊答道：

「如果眾生能遵守以下四件事，便能在我入滅之後，必能得到法華經。此四事就是：

一、多為諸佛守護。

二、多積德。

三、多與信念正確的人相聚。

四、心存救度一切眾生。」

普賢菩薩聽說之後，把自己的決心說出來：

「世尊，在您入滅後的最後五百年，這個世界是一片污濁，如果有人很珍惜地受持這部法華經的教義，我一定會守護著他。

如果他邊走邊讀佛經，我會騎著六隻象牙的白象出現在他身旁，保護那位修行者的安全。如果他專心靜坐，思考經義的時候，我會騎著白象出現在他身旁，當那位修行者忘了佛經的文句，我會教他。

世尊，在您入滅後的濁世當中，如有人要想求覓此經，就應該在三七、二十一日當中專心一意潛修精進才是。當他們修滿二十一日之日，我會騎著六隻象牙的白象出現在他們面前，為他們說法，增加他們的信心。

我現在要為那些修行者誦念真言。

就算只是抄寫了這部法華經的人，當他斷氣之時，必能往生到『忉利天』。

再者，如果有人既誦念此經，又努力理解經義，當他斷氣之時，會有千位佛尊出現，對他伸出援手，使他不會掉入地獄、餓鬼、畜生等之惡道，往生到彌勒菩薩所居住的『兜率天』。世尊，我會以自己的神通力守護法華經，在您入滅後無論多久，我都不會讓他斷絕，一定使他弘揚廣傳教義。」

聽到這樣的話，世尊很滿意地說：

「說得好！說得好！普賢君，能對這部法華經受持、誦念、理解其正確的經義、學習，便等於直接聽到釋迦牟尼佛的講經說法了。

這樣的人，便不會被貪、瞋、痴等三毒所苦惱。再者，也不會有嫉妒心或慢心。這種人所期望的『了悟的境界』，必能如願以償。

普賢君！如果有法華經的受持者前來，請起立，用迎接佛陀的敬意去迎接他吧！」

當世尊把全部的法華經講完的時候，以普賢菩薩與舍利弗為首，所有的各種菩薩、螞蟻以及所有生物，都把世尊的話銘記在心，深深頂禮恭拜，然後才離開了會場。

後記……『佛說觀普賢菩薩行法經』

當世尊到毘舍離國的「大林精舍」時，有一次對僧眾們宣告：

「我將在三個月後入滅。」

一直隨侍在側的阿難尊者、摩訶迦葉長老、彌勒菩薩都驚訝地向世尊請問：

「世尊，當你入滅之後，一般大眾應當如何才能得具菩薩般的心呢？

當如何才能救度眾生得以了解大乘的教義呢？

當如何才能瞭解道理的定律，才能具有佛的智慧呢？

當如何才能捨掉人的慾望，才不會被煩惱所困惑，而清淨下來呢？」

世尊面向阿難等人，作了如下的回答：

「將來要修行大乘教義，要修成普賢菩薩那般，保持清淨之心的『觀法』，大家注意聽著！只要做到這個觀法，便能打開心中慧眼，看到具有崇高道德的普賢菩薩的妙姿。

業障較淺的人、在第三七、二十一日就可以看到。業障較深的人，就要在第七七、四十九日才能看到。更深的人，可能要到下一輩子才會看到。再深的人，可能需要先轉世後再輪迴到人類才能看得見。

普賢菩薩體大音大，其形影身體之大無法衡量。但是，為了眾生的煩惱與痛苦，他會以人類的姿態騎著白象顯現出來。那匹白象，比喜馬拉雅的雪還要白，有六隻象牙，用七隻腳走路，走路的腳底下，隨時都會綻開七朵蓮花。

白象的背上配有金光閃爍的蓮花鞍，五光十色所包圍著的白玉般的普賢菩薩舒暢地坐在上面。為了看見那般妙姿，修行者應誓願：

『如果我在前世積有善業，請讓我會見普賢菩薩吧！』

同時，禮拜多寶佛塔或釋迦牟尼佛等十方諸佛，研讀大乘的經典，並且還要修練『懺悔之法』，這就是觀法的第一階段。

如此，不分晝夜持續誦念大乘之法，必然會在夢中出現普賢菩薩來為自己講解佛法。不久心中的慧眼會有東方的『阿閦佛』的妙姿或很多菩薩的妙姿浮現出來。夢中，可以看到在白象頭上有『金剛力士』手持金剛杵（槍模樣的武器）敲打修行者的六根的情景。

接著，普賢菩薩顯現出來，講解『六根清淨的懺悔之法』。如此經過了二十一日，心中烏雲便會逐漸散去，大乘教義的妙法蓮華經便會愈來明白了。

大乘的教義乃十方廣大諸佛，自過去、現在，而至未來，一脈相傳的重要寶典。此乃『宇宙的道理』，『眾生每一個人的心中，都存有佛性在』的教義。只要持續誦念，普賢菩薩的分身便會顯現出無數的菩薩來，『念佛』與『念經』與『僧侶和睦相處』與『嚴守戒律』與『佈施』與『勿心起煩惱』等，會給大家如上各種忠告。

於是，打從內心深處湧現出反省的意念，而能實踐懺悔之法。這個法，開始是由六根之一的『眼根』開始。如能一心一意做出如下的懺悔：

『到目前為止，由於我有無聊的先入觀起見，所有看到的總是一些錯覺，看不到正確的事物，從今以後要悔改過去的一切，要修練對事物的正確觀。』

其次是『耳根』的懺悔：

『到目前為止，對於使自己愉快的事聽進耳朵裡，就像溶融的膠黏住了草，無法分開一樣，那種事一直在耳根附著不掉；聽到不愉快的事，就會引起憤怒、憎惡、嫉妒之心。心靈於是掉入地獄、餓鬼、畜生的世界。從此悔改此罪。』

於是，普賢菩薩會教導修行者以下的方法。即誦念：

我昔所造諸惡業，皆由無始貪瞋痴。

從身語意之所生，一切我今皆懺悔。

接著，對『鼻根』、『舌根』、『身根』、『意根』加以懺悔。

此等懺悔如能持之有恆，身心必能清淨，必能得到自由自在的精神狀態。達到這種地步，便會有與普賢菩薩在一起的實質感。」

話說到此，世尊再次向阿難說：

「我入滅後，你們要懺悔自己的惡業之時，宜先研讀大乘的經典。其教義便是『五眼（肉眼、天眼、慧眼、法眼、佛眼）』等佛陀之眼。

無論是『法身（佛之本體）』，或是『報身（佛德之表現）』，或是『應身（在娑婆世界方便所顯現之形體）』都具有上述五眼。如果這五眼能理解『宇宙的道理』與『佛性是平等的』，則能回歸自然。

如果修讀大乘的經典，不但可以獲得佛的功德，且能遠離形形色色的惡心。然後，如能仔細思考『宇宙的道理』，則能使過去好幾世以來所累積的迷惑，在彈指之間，很快地切除淨盡。

如果修行者希望具備菩薩的資格，找個清靜的地方坐下來，禮拜十方諸佛，作出如下的祈願：

『具有最高智慧的釋迦牟尼佛啊！請您做我的導師吧。拔除眾生苦厄的文殊菩薩啊！請您把那種智慧的菩薩法教授給我。陽光普照一樣慈愛的彌勒菩薩啊！請您引領我吧。』

同時，請誦念：

弟子某甲　盡未來際

皈依佛　皈依法　皈依僧

弟子某甲　盡未來際

皈依佛竟　皈依法竟　皈依僧竟

接著，誓願嚴守八戒律。戒律如下：

一、不殺生。

二、不偷盜。

三、不邪淫。

四、不妄語。

五、飲酒不過量。

六、不道人短。

七、不飾己過。

八、不挑剔他人之缺點。

以上誓願完成後，便行供養一切諸佛而誦念：

願以此功德　不及於一切

我等與眾生　皆共成佛道

如此行畢，如能受持大乘的教義而誦念大乘經典，必能達到『持戒』、『禪定』、『智慧』、『自煩惱中解脫』、『自知已經達到解脫』等五項境界。

再者，在家修行的人之中，雖然是像：政治家、貴族、財團、知識分子、名人、高官顯要等地位較高的人，如果犯了殺生、偷盜、邪淫等惡行；或是口出謊言、諂媚、髒話、挑撥是非等惡言；或是心生強慾、憤怒、愚癡等惡念，且實際付諸行動的話，其惡業之報應，必將如洪水般湧上來，必定會墜落奈落果的盡頭（地獄的最最底部）。

要消滅這些惡業，唯有懺悔。要認清『因果報應』的宇宙道理，對佛、法、僧要尊敬，要自我守持戒律，要心中常存佈施心意，要祈求來世一定往生天界，念念勿忘。來世中，繼續實踐懺悔之法，自我反省者，必有積德諸佛加護，因而必能達到了悟的境界。」

世尊話畢，以阿難為首，菩薩眾、聲聞眾、緣覺眾、住在天界諸人，全體聽眾都下定決心說：

「我等必定實踐力行！」

令人感動的大法會終於落幕。大家面向世尊的尊容再拜，似乎聽到大家感激的心跳聲此起彼落。漸漸地，聽眾們三三五五逐漸離去走到靈鷲山的後面去了。

跋

吉他拿到手，便會想去彈出聲音來；高爾夫俱樂部會員證一拿到，便會想去揮揮桿。筆拿到手，便會想寫寫字；酒杯拿到手，酒蟲就會蠕動起來；好牌拿到手，就會想賭它一把。人心受事物的接觸而起變動，但是，自古以來，常言道：「千萬不要做那些不好的玩意兒。」

譬如說：完全沒有信仰之心的人，無意中經過禪座而坐了下來。他那慌亂的心情也會在不知不覺中平靜下來。

再者，偶然到書局去，不經意地去翻翻觀音經解說的書籍，或是不經意地把佛壇上的念珠（數珠）拿來看看，就已有做了善事的傾向，可能很快會有合掌（禮佛）的心情了。

當你走過家中佛壇前面，且勿白白經過，稍微停一步，把放在上面的念珠拿到手中看看。據說：幸福的捷徑是拿念珠。

念珠是用菩提樹或水晶等所做出的一百零八顆小圓珠子，中間穿孔用線串起來的。這段線是代表『觀世音菩薩』。

一百零八顆珠子分成兩半，各有五十四顆，當中有兩顆大的夾在中間。一頭的大珠子稱為「母珠」，是代表『阿彌陀如來（無量壽佛）』。

另一頭的大珠子稱為「緒留」，是代表『菩薩』。

母珠所夾的一邊有五十四顆珠子是代表聲聞的修行者（阿羅漢）要成為菩薩為止的修行的樓梯。另一半的五十四顆珠子則是代表緣覺的修行者（辟支佛）要成為菩薩為止的修行的樓梯。

從母珠與緒留都有兩根線伸出去，上面各有五顆小珠子，代表菩薩必須實踐的『十波羅蜜行（壇、戒、忍、進、禪、彗、方、願、力、智等各種波羅蜜行）』。再者，母珠算起七顆珠子，兩邊都有小珠子在上面，然後繼續算起十四顆珠子，兩邊又都有小珠子在上面。

這四顆小珠子是代表守護著阿彌陀如來的『四天王（持國天、增長天、廣月天、多聞天）』。

此四天王是要提醒修行途中疲勞的修行者，對他們說「加油吧！」能手持象徵佛的世界的念珠，就算是：只拿來把玩，也是積了很大的功德。

《念珠的意義》

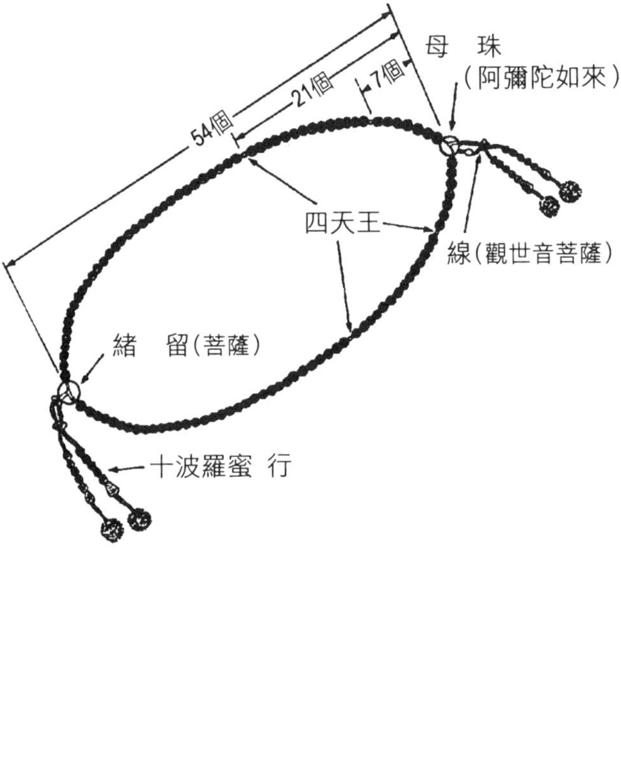

國家圖書館出版品預行編目資料

簡明白話觀音經／林炯頎主編
－初版－臺北市，大展，民 98.03
面；21 公分－（心靈雅集；71）
ISBN 978-957-468-670-4（平裝）
1.法華部
221.51 98000214

簡明白話觀音經

ISBN 978-957-468-670-4

主 編 者／林 炯 頎
發 行 人／蔡 森 明
出 版 者／大展出版社有限公司
社 址／台北市北投區（石牌）致遠一路 2 段 12 巷 1 號
電 話／(02) 28236031・28236033・28233123
傳 真／(02) 28272069
郵政劃撥／01669551
網 址／www.dah-jaan.com.tw
E-mail／service@dah-jaan.com.tw
登 記 證／局版臺業字第 2171 號
承 印 者／傳興印刷有限公司
裝 訂／建鑫裝訂有限公司
排 版 者／千兵企業有限公司
初版 1 刷／2009 年（民 98 年） 3 月

定 價／200 元

大展好書　好書大展
品嘗好書　冠群可期

大展好書　好書大展
品嘗好書　冠群可期